西方现代学徒制比较研究

赵光锋　著

中国水利水电出版社
www.waterpub.com.cn
·北京·

内 容 提 要

学徒制是一种最古老的职业教育形式。从一定意义上来说，现代职业教育制度是由学徒制演变而来的。20 世纪 90 年代以来，许多国家对传统学徒制进行了改革，并将其纳入现代职业教育体系，这也成为许多国家着力推行的职业教育发展战略。

本书主要对西方国家学徒制的发展历史以及现代学徒制的内涵、模式及特点进行分析与研究，并且比较我国与西方国家现代学徒制的不同，寻找可以学习和借鉴的地方，在我国现有的教育模式中添加更适合本国国情和教育现状的规定和要求，丰富和完善我国的职业教育，推进我国教育事业发展，尽全力为祖国的人才发展作出贡献。

本书适合各职业院校职业技术教育学专业的师生参考、学习。

图书在版编目（CIP）数据

西方现代学徒制比较研究 / 赵光锋著 . -- 北京 : 中国水利水电出版社 , 2018.7 （2025.4重印）
ISBN 978-7-5170-6678-1

Ⅰ . ①西… Ⅱ . ①赵… Ⅲ . ①职业教育—学徒—教育制度—对比研究—西方国家 Ⅳ . ① G719.1

中国版本图书馆 CIP 数据核字 (2018) 第 169458 号

责任编辑：陈 洁　　封面设计：海星传媒

书 名	西方现代学徒制比较研究 XIFANG XIANDAI XUETUZHI BIJIAO YANJIU
作 者	赵光锋 著
出版发行	中国水利水电出版社 （北京市海淀区玉渊潭南路1号D座 100038） 网址：www.waterpub.com.cn E-mail：mchannel@263.net（万水） sales@waterpub.com.cn 电话：（010）68367658（营销中心）、82562819（万水）
经 售	全国各地新华书店和相关出版物销售网点
排 版	北京万水电子信息有限公司
印 刷	三河市同力彩印有限公司
规 格	170mm×240mm 16开本 13.75 印张 243千字
版 次	2018年8月第1版 2025年4月第3次印刷
印 数	0001—2000册
定 价	56.00元

前　言

学徒制是一种最古老的职业教育形式。在职业教育制度出现之前，人类最开始依靠学徒制度来传承社会生活和生产技术的任务。因此从一定意义上来说，现代职业教育制度是由学徒制演变而来的。特别是20世纪以来，随着社会的进步、科技的发展、经济的全球化促使了产业结构和教育结构的变化，社会也对劳动者的能力和素质提出了更高的要求。现代学徒制也开始在发达国家逐步兴起并不断完善，具有“招生即招工、入校即入厂、校企联合培养”等主要特点。到了第二次世界大战后，职业教育曾被誉为德国经济腾飞的秘密武器，德国经济迅猛发展的奇迹使人们更加深刻地意识到职业教育的重要性。20世纪90年代以来，许多国家对传统学徒制进行了改革，并将其纳入现代职业教育体系，这也成为许多国家着力推行的职业教育发展战略。到了21世纪，职业教育依然是各国经济社会发展的关键因素，并且已经被视为本国在全球竞争中不可或缺的发展关键战略。目前，大多数欧盟国家及美国、澳大利亚、加拿大等国都已基本形成适应经济社会发展需要的现代学徒制教育体系。正是在这样的时代背景下，学徒制在世界职业教育改革的过程中逐渐得到人们的重新认识，开始复苏。

本书主要对西方国家，如德国、英国、美国、澳大利亚、瑞士、意大利等国学徒制的发展历史以及现代学徒制的内涵、模式及特点进行分析与研究，并且比较我国与西方国家现代学徒制的不同，寻找可以学习和借鉴的地方，在我国现有的教育模式中添加更适合本国国情和教育现状的规定和要求，丰富和完善我国的职业教育，推进我国教育事业发展，尽全力为祖国的人才发展作出贡献。

作者

2018年3月

目 录

前言
第一章 缘起 …… 1
第一节 对我国职业教育改革困境的思考 …… 3
第二节 相关概念界定 …… 4
第二章 西方学徒制的历史演进 …… 13
第一节 古代学徒制的开端 …… 15
第二节 中世纪学徒制的兴盛 …… 16
第三节 近代学徒制的起伏 …… 19
第四节 现代学徒制的复兴 …… 23
第三章 德国现代学徒制 …… 27
第一节 德国现代学徒制的内涵 …… 29
第二节 德国现代学徒制的模式 …… 35
第三节 德国现代学徒制的特点 …… 47
第四章 英国现代学徒制 …… 55
第一节 英国现代学徒制的内涵 …… 57
第二节 英国现代学徒制的模式 …… 67
第三节 英国现代学徒制的特点 …… 84
第五章 美国现代学徒制 …… 91
第一节 美国现代学徒制的内涵 …… 93
第二节 美国现代学徒制的模式 …… 98
第三节 美国现代学徒制的特点 …… 104
第六章 澳大利亚现代学徒制 …… 107
第一节 澳大利亚现代学徒制的内涵 …… 109
第二节 澳大利亚现代学徒制的模式 …… 116
第三节 澳大利亚现代学徒制的特点 …… 118

第七章　瑞士现代学徒制 …… 123
　第一节　瑞士现代学徒制的内涵 …… 125
　第二节　瑞士现代学徒制的模式 …… 132
　第三节　瑞士现代学徒制的特点 …… 135
第八章　意大利现代学徒制 …… 139
　第一节　意大利现代学徒制的内涵 …… 141
　第二节　意大利现代学徒制的模式 …… 144
　第三节　意大利现代学徒制的特点 …… 146
第九章　西方现代学徒制的比较和经验总结 …… 149
　第一节　西方现代学徒制的特征 …… 151
　第二节　西方现代学徒制的经验 …… 153
　第三节　西方现代学徒制的挑战与发展趋势 …… 156
第十章　对我国职业教育的借鉴 …… 163
　第一节　我国现代学徒制的现状与问题 …… 165
　第二节　对我国推进现代学徒制的启示 …… 187
结　语 …… 203
参考文献 …… 205

第一章　缘起

2007年新华社评论员文章“不能把职校实习生当成‘廉价劳动力’”直接把矛头指向了那些假借“校企合作”“工学结合”“促进学生就业”之名，廉价甚至无偿使用劳动力的地方职业院校和培训机构。文章指出，近年来，在国家大力发展职业教育的宏观背景下，各种探索理论联系实践、工学交替的办学模式和职业学习模式如雨后春笋般出现。可见，大家都一致认同“工”，通过在工作实践中学习的重要性以及工作实践与教育系统间联系的必要性。但为什么“好经”会被念歪了呢？以“实习”为名，学生们进了歌舞厅去参加了所谓的“培训”，进了流水线成了被鱼肉的“零件”。从表面上看，这是由于对“实习”缺乏相应的人身安全及健康的基本保障措施。那么是不是“实习”一旦被保障了，它就能发挥其应有的教育价值了呢？这恐怕还是要归咎于缺乏对工作实践在职业学习中应该发挥何种作用以及如何发挥的深入思考。换言之，工作，作为学习情境，它的教育价值在哪里？学生们如何通过工作经验来学习？学校在工作场所学习中要发挥的作用是什么？它是一个旁观者？还是一个促进者或协调者？如果是后者，如何促进？如何协调？

第一节　对我国职业教育改革困境的思考

当今，我国大力发展职业教育，并大力推行了各种改革。其中“工学结合”的职业教育改革是具有战略性的。2005年，国务院颁发了《大力发展职业教育的决定》，强调建立“与市场需求和劳动就业紧密结合，校企合作、工学结合，结构合理、形式多样，灵活开放、自主发展，有中国特色的现代职业教育体系”。2006年教育部又发布了《关于职业院校试办工学结合、半工半读的意见》，指出“职业院校试行工学结合、半工半读，是遵循教育规律，全面贯彻党的教育方针的需要；是坚持以就业为导向，有效促进学生就业的需要；是帮助学生，特别是家庭经济困难学生完成学业的需要；是关系到建设有中国特色职业教育的一个带有方向性的关键问题”。这些文件确立了“工学结合”在我国今后职业教育改革中的重要地位。

实际上，我国职业教育工学结合改革早在这些重要政策文件颁布之前就开始了，并且已经取得了一定的成绩，比如校企合作得到了加强，学习脱离职业世界的现象有所改善等。但是，改革该如何继续深化下去，如今却似乎遇到了瓶颈。存在的典型问题是学校在校企合作中“一头热”，学生在实习中经常被“放羊”，工和学的结合停留于形式等。

如果将我国职业教育“工学结合”与西方现代学徒制做比较的话，就会发现，我国职业教育“工学结合”与西方现代学徒制具有非常重要的共同特征，即都强调学校本位学习与企业本位学习的整合。那么，西方现代学徒制在校企合作、工学结合方面的经验，有没有可能为我国职业教育所借鉴呢？如果有的话，具体应该如何借鉴呢？这些问题更加深了笔者探寻西方学徒制（尤其是当前西方现代学徒制改革）的兴趣。

第二节　相关概念界定

一、学徒制的含义

（一）学徒制

学徒制，英文为apprenticeship，有时也与学徒制度（apprenticeship system），或学徒制教育（apprenticeship education/apprenticeship and education）等混用，很难找到一本对学徒制进行了概念界定的权威工具书，但以下一些词典的解释可能有助于读者理解。

《韦氏第三版新国际英语词典》（1976年）学徒：①受契约或法律合约限制，为某人服务一定时间同时在师傅的管理下按当时或以前的教学方式学习某项技艺或行业的人；②在高技能员工的指导下，通过实际经验，学习某个行业、技艺或职业的人，通常有预定的时间周期，并获得预定的工资。

学徒制：①学徒或新手的服务或身份；②学徒或新手服务的时间。《新哥伦比亚百科全书（第4版）》（1975年）

学徒制：“学习一项技艺或行业的制度，学员被约定，并为其学习付出一定年限的劳动”。瑞士苏黎世大学 菲利普·冈农认为：学徒制是一种以教育年轻人使其获得工作与社会生活必备的资格为目的的，聚焦于某一特定的学习场所以及一种合法性的组织背景形式的学习模式。

学徒：“青年在家长或监护人之监护下与雇主成立协议，在协议之条件下，由雇主供给青年学习一种技术行业或其他职业之机会，此等青年称为学徒”。

陈俊兰通过日常俗语与若干词典中对“学徒”从目的、身份、规范方式、学习方式、成本与收益等不同视角做了界定。根据其分析得出“以学习一门技艺或工作为目的”是学徒最本质的属性，在本书中学徒是参与现代学徒制培训的职业学校学生或者参与现代学徒制培训的企业员工。学徒制在当前有以下几种理解：学徒的身份、服务、工作、时间等；一种制度；一种传统的教育方式；一种职业教育学习模式。在本书中，学徒制是指一种职业教育制度。

学徒制教育：“指工厂制未发展之前之旧式学徒教育。曾盛行于世界各国，其特色多包括三种：①学徒受师傅管教。②师傅负责传授技能并介绍就业。③师傅供给膳宿。”

从上面的界定中可以发现，基本上，对“学徒制”的界定有广义和狭义两种倾向。狭义的界定认为学徒制必须存在正式的契约关系；广义的界定则将非契约形式的学徒培训也纳入其中。在本书中，笔者将采用一种广义的学徒制界定，目的是从更宽广的历史维度，对学徒制的来龙去脉做全面的把握。

（二）校企合作、新型学徒制

在我国职业教育实践领域及理论中与现代学徒制相似的概念有校企合作、新型学徒制，为更明晰现代学徒制的概念及内涵，特对相关概念进行界定。当前学术界对校企合作无明确统一的界定和理解。广义上，校企合作囊括任何形式、层次的学校和企业联合合作培养人才范式。狭义而言，陈俊兰结合国家政策导向和院校实践，把校企合作界定为政府规范的人才培养模式，在实践中学校居于主导地位，企业处于配角，这一人才培养模式多发生在职业教育领域。

校企合作在我国指的是职业教育领域中职业学校的一种人才培养方式，是以学校为培养主体，学生在学校学习理论，临毕业时在企业中参与实习实训。新型学徒制一词出现在中华人民共和国人力资源和社会保障部 2015 年下发的文件中，它是相对于传统学徒制及以往的工学结合人才培养模式而提出的，在办学主体、教学管理制度、投入和补贴政策、人才培养过程上与以往的人才培养模式都有所差别。结合差别分析，明确了新型学徒制是以企业为培养主体，以企业新招用或转岗的人员为学徒的一种新型人才培养模式。

（三）现代学徒制

关于“现代学徒制”的概念界定，众说纷纭。赵鹏飞从表面和本质上对“现代学徒制”做了说明。表面是字面词义的结合，实质则是一种校企结合的现代职业教育制度。关晶、石伟平提出现代学徒制是第二次世界大战后以德国双元制为典型、适应社会、经济发展的现代性要求、以校企合作为基础、纳入国家人力资源开发战略的学徒制。关于现代学徒制虽无统一定义，但究其本质它是将职业学校教育与传统的学徒培训相结合的一种现代教育制度。

现代学徒制与校企合作和新型学徒制的差别在于现代学徒制仍是在教育部统筹下由职业院校主动寻求企业，与之合作育人，学校占据主动地位，企业全程参与现代学徒制人才培养。鉴于以上的这些主要差别，将本书中的现代学徒制界定为：教育部统筹设计下的一种将职业学校和企业培训结合的校企双主体育人的正式教育制度，也是以学习并掌握岗位技能为核心的人才培养模式。

二、西方学徒制发展重要时间节点

（一）前学徒制（约史前至 11 世纪）

从人类文明初始，劳动教育（work education）的原始形态就已经存在，其方式是父母教自己的孩子以模仿等方式学习基本的生活技能，而这被认为是学徒制的起源。当时社会生产力低下，职业分化程度很低，以农业为主，其他职业很少，而且多数职业执行的是严格的世袭制度。因此，当时人类的职业教育主要局限于家庭范围，方式是父子和母女的口耳相传。

概言之，前学徒制的基本特征包括：①未形成完整的制度。这一时期的学徒制形态没有明确的学徒时间、资格、方法等规定，并且没有外在监督，因此，还不能称其为一种真正的“制度”，一些学者将其称为“私人习惯”就显得更为准确。②以亲子或养子的家庭关系为基础。学徒或者是师傅的亲生儿子，或者是师傅的养子，无论哪种情况，师徒之间是亲密的家庭关系，师徒关系融洽。这在很大程度上是为了保护技艺秘诀不外泄，但同时也对技术的流传造成了一定的局限性。③生产过程与学习过程完全融合。学徒一边从事生产一边学习，是完全的工作本位（work-based）或称工作场所（work place）职业教育方式。④教学方式以模仿和试误（trial and error）为主，学习效率不高。职业教育是非计划性的，学徒通过模仿师傅和自己的试错来获得技能。⑤技术培训与道德教育并行。师傅不仅要教学徒工艺技能，还要向学徒传递道德规范等，使其成为合格的社会公民。

（二）手工业行会学徒制（约11—15世纪）

一般认为，制度化的学徒制起源于中世纪后期。事实上，“学徒制”这个词就是从13世纪前后才开始使用的，如1261年英国伦敦的马具师行会使用了“学徒制”这个词；普鲁士的奥格斯堡（Augsburg）在1276年颁布的《城市法》中出现了关于学徒制度方面的规定。这种制度化了的学徒制的形成与发展，是与中世纪行会的建立与强大紧密相连的。

一些行会又相互联合，发展成了行业公会的形态。总体而言，西欧国家的行会具有四个基本特征：①行会同业公会制度的基本性质。行会成员以自身为中心，以占有一定的生产资料（主要是生产工具）为前提，独立地从事经济活动。②行会经济脱离了自然经济的轨道，步入了商品经济范畴。在商人行会和手工业行会时期，生产者同时兼有商人的身份，但在公会时期，手工业者与市场的直接联系则被切断，要经由商人进入市场。③单个生产单位内部没有分工。小作坊是行会最基本的生产组织形式，人数有限，没有分工。④行会基本上是一个享有封建特权的封闭性组织，对外拥有就业垄断权，对内实行超经济的强制性管理和监督。行会成为当时城市生活的重要组织部分。它的建立成了学徒制从前制度形态向制度形态转变的关键。学徒制被纳入了行会的管理范围，至此，“学徒制从私人性质的制度向公共性质的制度过渡”。

在中世纪的行会组织中，等级制度非常严格。从业人员按不同的身份分三等，依次为学徒（apprentice）、工匠（journeyman）、师傅（master）。师傅招收学徒，并教授技能和公民道德，还要给他们提供衣食住，在学徒完成学徒制时还会提供给学徒一套工具。学徒学艺前一般要向师傅支付学费，他们必须跟师傅生活在一起，勤劳地工作，听从命令，不能结婚，不能从事不道德的活动，没有得到师傅的许可必须始终都在。在完成学徒制时，由师傅向行会提出申请，行会审查合格后就可转为工匠称谓，但要继续以很低的薪水为师傅服务若干年，直到工匠完成一件可称为“杰作”（masterpiece）的作品，并且作品令其师傅和行会委员会满意，工匠就会被授予师傅的称谓。师傅是独立的手工业者和行会成员，具有公民权，可单独从事经营，可以开始招收他自己的学徒和工匠。

概括说来，行会对学徒制的控制与管理包括了以下几个方面：

1. 制定一般性的管理规范。这些规范包括：①提供学徒与师傅间的书面契约；②规定学徒制的最低年限（英国一般为7年，欧洲大陆略短，四年左右，但其工匠服务期则略长）；③保证只有合格的师傅才能提供契约式学徒制；④保证只有完成了学徒期，且被师傅和手工业行会成员认可的学徒才能从事该行业；⑤禁止师傅超额招收学徒（一般为一至三名），除非雇用工匠助教；⑥禁止师傅诱惑其他师傅的学徒。

(2) 教学指导与监督。有时行会会直接规定师傅的教学内容，如1632年伦敦钟表匠行会（Clockmakers of London）就规定，该行业的每个人都要“按前辈的方式方法来教授学徒，要让学徒每天都在家里，师傅本人或者他的工匠要教学徒如何制造银或铜的箱盒，以及钟表的弹簧，还有钟表、计算工具和日规的其他特殊部件。”也有一些行会没有直接规定师傅教授内容，但他们会采取其他措施来检查教学。比如在当时英国考文垂制帽者行会中，行会的师傅长（principal master）有责任每年在该城周游，检查是否为学徒提供了适当的教学。

(3) 考核。并不是所有完成了服务年限的学徒都可以成为工匠，行会要考核学徒是否合格。最初，行会只要求师傅证明学徒已经适合“从事”他的手艺工作了。但后来，越来越多的行会坚持学徒必须受到行会的师傅或长官的检查，并证明其有充分能力从业。如当时伦敦制衣行会要求那些申请成为师傅的人要在行会的公共大厅里裁剪制作，并由师傅学监（master wardens）及其助理们判断其是否合格；卡莱尔制鞋者行会在学徒满学徒期后，会让他做四双鞋子，如果做得好，学徒可以成为工匠，如果做得不好，就只能是受雇者（hire man）。通过这些考核，行会对满徒学徒的手艺严格把关，因为他们希望行会成员生产的产品是优质的，从而保持行会及该手工业中的声望。

在具体的教学方式上，这一时期的学徒制与前学徒制时期基本无异，仍然主要依靠直接的观察与模仿。家庭小作坊的生产方式，使古代前学徒制的教学形式得以延续。由于作坊都很小，也不存在分工，所以师徒经常肩并肩地一起工作。

概言之，这一时期学徒制的基本特点是：①行会管辖下的公共制度性质。行会对学徒制实施的方方面面给予了强有力的规范和监督，使学徒制的性质从私人习惯过渡到了公共制度的性质。②行会对契约的详细规定。行会对担任师傅的资格、教学内容、学徒年限、满徒条件、道德伦理等都做了较为全面而详细的规定。③契约基础上较为亲密的师徒关系。虽然这一时期的师徒关系总体上仍较为亲密，但学徒制的契约形式仍然使师徒间原先亲密无间的养父子关系发生了微妙的变化，开始出现了向雇佣关系转化的倾向。④教学与生产合一。这一时期的学徒制在教学方式方法上并无太大变化，仍然沿袭了原先的口耳相传、模仿及试错的方式，教学效率不高。⑤较长时间的学徒期。学徒期一般为七年，但实际上，许多技艺的学习并不需要这么长的时间。行会的这项规定更多是为了控制可以独立经营的师傅数量，以减少竞争。

三、集体商议的工业学徒制（约19—20世纪中叶）

18、19世纪的两次工业革命对行会学徒制造成的打击几乎是致命的，在资本主义工业化浪潮中，原先已经制度化了的学徒制几乎崩溃了，取而代之的是学校职业教育的兴起和集体商议学徒制的残喘生存。当时的历史背景主要包括以下几个方面。

(一) 技术的变革及生产方式的转变使职业技能要求发生了较大变化

16—18世纪，工场手工业蓬勃发展，但仍然无法满足不断扩大的市场需求。1765年珍妮纺纱机的发明标志着英国第一次工业革命的开始，1785年瓦特改良的蒸汽机则彻底将人类社会推进了“蒸汽时代”。这两次工业革命使人类的生产方式发生了根本性的变化，即机器取代了人力，大规模的工厂生产取代了个体手工工场生产。工厂的流水线和分工生产，使生产对一般员工的技能要求更加简单。工厂中除少数岗位需要高技能（high skilled）的劳动者外，其他大多岗位需要的只是半熟练（semi-skilled）或非熟练（non-skilled）的劳动者。劳动者需要学习的往往只是单一工种的单一技能，而不再是整个工艺。这样，师傅、工匠、学徒、劳工或佣人的技师等级体系逐渐瓦解，取而代之的是领班（foreman）、熟练工、半熟练工、劳工的新等级体系，而在这一等级体系中，很难找到学徒的位置。旧的学徒制已经不适应甚至阻碍了规模化的集体生产，它既不被雇主需要，也不被仅为谋生的劳动者需要。相反地，这个突然而来的大工业生产时代需要的是一种新的、能够大量且快速培养具有简单技能的职业教育形态。

(二) 资本主义生产方式下的劳资关系，使学徒制失去了原本的师徒社会关系基础

在资本主义的生产方式中，劳动力变成了商品，资本家占有生产资料，通过雇佣劳动的方式剥削劳动者创造的剩余价值。生产社会化同资本主义的私人占有之间的矛盾是资本主义社会的基本矛盾，它在政治上就表现为资产阶级与无产阶级的矛盾。18、19世纪，无论是商人还是手工业师傅都疯狂地卷入了积累资本的战斗中，他们对资本积累的兴趣，远超过了对培养学徒、技艺传承或者对产品质量的关注的兴趣。普遍地，雇主倾向于将学徒当作廉价劳动力，实际上并不授予他们技能；或者就宁愿招收价格更加低廉且可以随时解雇的妇女和童工从事简单生产。也就是说，在资本主义生产关系下，负责技能传授的“师傅”实际上不存在了。一般的高技能员工有时承担

起原先“师傅”的责任，教学徒技能，但这并不是他们与雇主的合同中所规定的义务，而恰恰相反的是，如果他们教会了学徒，学徒很有可能会取代他们的位置，因此，他们往往并不乐意向学徒传授技能。

(三) 中产阶级和无产阶级要求民主、享受正规教育的呼声日益高涨

由于乡村人口大量移入城市以及自由主义的兴起，扩大了人民的民主主张。教育，尤其是学校教育，是使人们获得更好职业发展并获得更高经济与社会地位的主要渠道。这就使得中产阶级和无产阶级要求享受正规学校教育的呼声日益高涨。18 世纪发起于英国、盛行于法国、席卷了整个欧洲的启蒙运动，就强调“天赋人权”，它在政治上支持资产阶级政权，在文化上则反对愚昧，提倡普及教育。在这种声浪中，政府不得不考虑让普通家庭的子女也能享受学校教育。这样，将学校教育的功能从原先纯粹的学术教育扩展到职业教育，似乎成了当时的政府既满足人们受学校教育的要求，又有效利用学校资源的有效途径。

(四) 职业教育理论与实践的发展为由学校进行职业教育提供了技术答案

16—19 世纪，在传统的基于人文主义的教育理论和实践(教授经典文献，尤其强调语言、理性主义和人文知识)外，还产生了其他的教育改革观点和实验。学校开始变革教学，从原来纯粹的人文主义（humanism）向现实主义（realism）的方向转变。学校所授内容不再仅限于经典文献和语言，而是加入了一些手工课程，更加平民化和生活化。培根、夸美纽斯、卢梭、裴斯泰洛齐、赫尔巴特、福禄贝尔、撒洛门等都是这一系列教育改革的倡导者。虽然这些教育改革理念与实验针对的是改革普通教育，而非为了培养技能型的劳动者，但这些教育改革理念与实验为职业教育进入正规学校系统奠定了良好的基础。另外，一些专门针对技能人才培养的教育实践也有了长足的发展。如德国弗朗凯创办的实科学校、发起于英国而后在整个欧洲和北美掀起一阵高潮的技工讲习所运动、法国利昂库尔公爵创办的工艺学校、美国富兰克林创办的文实学校等，都是试图通过学校进行职业教育的著名实践。

其中，尤其是“俄罗斯制”(Russian system）的产生，对职业教育形态

由以工作场所本位的学徒制转向以学校为本位的学校职业教育产生了最为直接的技术影响。“俄罗斯制”是由莫斯科皇家科技学院（Imperial Technical School of Moscow）的沃斯校长及其同事于1868年提出并通过国际博览会迅速推广到欧美各国的。“俄罗斯制”放弃了原来学徒制中的全程式的工艺教学，将整个生产工艺分解为一个个相对独立的工序，然后对这些工序进行教学。这种教学不再像学徒制那样必须进行个别指导，而是可以同时对大量的学生进行讲解、示范和训练，从而大大提高了教学效率。“俄罗斯制”是学校职业教育产生的催化剂，它“为现代职业技术教育学制的建立，奠定了技术与方法基础”。

在以上几个方面的共同作用下，传统学徒制最终在两次工业革命后，在大多数西方国家不同程度地崩溃，占据职业教育主舞台的是将技能学习进行切割和抽象的学校职业教育。那么，这一时期，学徒制还存在吗？答案是存在的。特别是在一些传统的手工业行业，学徒制仍然在开展着。不过此时它的形态已经发生了变化：不再有约束师傅或工匠对待学徒的法律文书或指导；没有对学徒的人数和学徒期限的规定；学徒制只是师傅与学徒、父母或其他代表之间的自由合同或协议。政府退出了对学徒制的法制管理，这是与当时许多西方国家采取的志愿主义（volunteerism）态度有关的。政府对工作本位的劳动力培训，倾向于采取自由放任的态度。为了保护工人和学徒的利益，这时，学徒制中的新的博弈力量产生了，那就是工会。有学者称，“19世纪的任何一种规范形态的学徒制历史都不可避免地与工会的发展壮大以及集体商议联系在一起”。因此，可以把19世纪至20世纪初的这一段缺少强制性规定，而主要通过雇主、行会、工会、学徒等共同商议来决定其形式的学徒制，称为“集体商议的工业学徒制”。

概括说来，集体商议的工业学徒制的主要特点包括：①缺少核心力量，未能形成规范化的运作机制。这是与资本主义发展初期的自由放任主义理念相对应的。②学徒制变得越来越非正式，口头约定或合同取代了契约。③雇佣或同工（领班、熟练工、非熟练工、劳工）的劳动关系取代了传统学徒制的师徒教学关系。④学徒制年限多变，3～7年。⑤存在着为特定企业或工作程序进行培训以及把学徒当作廉价劳动力的倾向。⑥学徒期满，没有相应的考试进行把关。

第二章　西方学徒制的历史演进

第一节 古代学徒制的开端

一、古代学徒制的起源

随着生产力的发展，特别是从青铜器时代开始，人们已经开始通过铸造铜器来制作生产工具或武器，这使得手工业开始得到快速发展。在血亲关系范围内的技艺传承已经不能满足生产力发展与社会分工的需要，职业教育开始走出家庭，通过初级的、未完全制度化的学徒制的形态将技艺传承给家庭以外的成员。在当时的社会环境下手工艺人为了能将自己的手艺传承下去，一般会通过在自己家中养育别人的孩子的方式来进行“培养”，这些孩子会作为手艺人的养子来学习他的职业技艺。最开始这种方式还没有普及，但是当时社会条件并不是很好，父母养育孩子也很艰难，特别是孩子较多的家庭负担较重，所以一般都会让孩子去当学徒，既能勉强果腹，减轻家中的负担，孩子还可以掌握一门手艺，的确是一个可行之策。关于这种形式的学徒制目前已知最早记载是青铜器时代末期汉姆拉比王颁布的《巴比伦法典》，其中记载“如果有手艺人招收养子并教他手艺的话，任何人都不得反对。如果养父不向养子传授技艺的话，养父就必须把养子归还给其亲生父母。”这个法典把当时不成文的法规或习惯文字化了。不过也有研究者认为，这种把别人的孩子招到自己家中作为养子的做法，主要是基于宗教的信仰和习惯，养父向养子传授自己的技艺，养子必须终身继承养父的事业。

二、古代学徒制的转变

这种原始形态的学徒制在古代甚为普遍，可以说是主要的职业教育形式，中国战国时期和古埃及、希腊、罗马年代都有类似的记载。不仅木匠、鞋匠是学徒制，就连中国的中医也是学徒制，古希腊和罗马的雄辩家和法律家也靠学徒制培训。不过也由于这一时期并未出现“学徒制”或相当于“学徒制”的词汇，其实整个学徒制形态具有浓厚的私人性质。需要指出的是，这种古代学徒制形态的教育形式是比任何学校教育形态出现得都要早的一种教育形式。据史料记载，学校的产生最早可能源于青铜器时代后期。埃及人创造了字母表，还发明了笔和纸草。这些发明使得“学校”这个规章化、制度化、统一化的教育模式最终在公元前2000年至1200年间诞生了。不过，早期的学校不仅教学生读写，也包括了某种形式的学徒制。在学徒期间，学生被安排跟从经验丰富的书记员，其实往往是跟着政府工作人员进行学习。而当时的贵族和中产阶级也乐于送孩子去这种学校，让他们能够获得当时非常有社会地位的职位。但是，从铁器时期和希腊文明开始，随着生产力的进一步提高和等级制度的发展，学校也最终成了专门传授文化的地方，如“七艺”，而各种工匠则主要是由二等公民通过家庭传授或前学徒制的方式来培养。

有关古代这种学徒制的原始形态的具体实施内容和方式，可以从在古希腊文化时代的埃及废墟和坟墓中所发现的纸莎草记录中得知。考古学家们也发现了在公元前18年到3世纪期间的有关学徒制的九种合同，这些资料表明了在当时的社会中是没有一个词语来形容这种教育形式的，“学徒制”这个称呼也是后期才出现的。学徒开始的年龄一般约为13岁，学习纺织的合同规定学徒期限为1～5年，学徒为了能拿到第一份工资或者成为一个独立的熟练工还需要1～2年的预备期，师傅在此期间也可以同时招收若干学徒，这些学徒虽说一般都是在师傅家中吃住，但师傅也是要向学徒的父亲或监护人支付衣食费用的。

第二节　中世纪学徒制的兴盛

一、中世纪学徒制与行会

中世纪西欧学徒制教育的兴盛首先得益于这一时期城市行会的产生和发展。从公元10世纪开始，由于生产的发展，在西欧形成了许多新兴的城市，“到了12世纪，欧洲城市有了较为迅速的发展，其中著名的城市有威尼斯、热那亚、波伦亚、比萨、佛罗伦萨、那不勒斯、米兰、马赛、巴黎、伦敦……”在这一时期，城市中的手工业者为了有效地反对贵族的掠夺、保护本行业的利益而结成了自卫性质的行会。随着手工业的发展壮大，行会的势力也相应地增大，逐渐成为城市中具有专长决定意义的经济力量，成为工艺教育的组织者，同时也成为城市中不可忽视的、重要的政治力量。实际上，这一时期的手工业者、商人等构成了城市中的特殊阶层，称市民阶层，他们是城市资产阶级的前身。新兴市民阶层有本阶级的特殊经济利益和政治斗争的需要，这种利益和需要必然要反映在教育上，于是在行会的监督和领导下，学徒制度逐渐成为维持生产、发展生产以及传授技艺的制度。

在中世纪初期，由于罗马帝国的灭亡和日耳曼族的转移，希腊和罗马时期的城市文化被推翻了，生产再度只限于农业耕种，贸易衰退，自给自足的经济形态占据了统治地位。但从9世纪前后开始，农业耕作逐渐集约化，封建制的庄园式自然经济占据了主要地位，生产力得到了发展。剩余产品的增加带动了城市手工业的发展，家庭作坊生产是手工业生产的主要方式。到了中世纪晚期，人们开始涌向城镇，商人从事零售、批发以及与其他城市及海外贸易，熟练的工匠和艺人从事手艺活，提供产品和服务，进行实物交易，以满足他们的需求。

上一节也曾经提到过中世纪西欧的学徒制是师傅传授技艺给徒弟所进行的一种教育。当然这种学徒制教育不同于古代学徒制一般“无约束”，到了中世纪这种学徒制也需要由契约来进行约束。而这个契约则是由师傅和孩子的父亲也就是孩子的监护人共同签订的。契约规定，学徒必须做好所派定的工作，在学徒期内(一般为7年)，不得泄露师傅要求保密的一切事情，最重要的就是技术的保密；更不可以做或旁观有损于师傅的事，并且随时要勇敢地保护师傅；学徒要绝对服从师傅的命令，学徒期间不得擅离职守，不得嫖赌，不得勾引妇女，未经师傅同意不能结婚，等等。如有违背，则要给师傅以赔偿。师傅则应尽其所能用最佳的方法传授技艺给徒弟，不可有所保留。契约还规定，学徒期间，学徒的食宿、衣着等均由师傅供给。学徒期满，合乎出师条件者便可出师，成为帮工。因此，一个手工作坊不仅有师傅、学徒，其实还有帮工，而帮工其实就是师傅的帮手，是从师傅那里取得工钱，但却不得自己擅自开业。帮工在当时也被称为旅游者，他可以旅游到各地，为不同的师傅工作，这样也是为了他能够在旅游和帮工中，增长自身的阅历，锻炼自身的技艺，以便达到作为一个师傅所要达到的技艺水平。一般来说，当帮工的技艺达到了专精的程度，那么就会要求其提交自己行业领域由自己亲手完成的“佳作”来给师傅以及本行会的成员进行鉴定，如果确实是技艺精湛，作品也确实不错，便可以得到“师傅”的称号，这时他才有了独立开业的资格。

二、道德与素质

行会的学徒制教育实质上开创了教育史上职业教育的先河，这种教育不仅传授技艺，同时也较为重视在道德方面的培养。但是，行会的学徒制教育先天有其狭隘性，它把保守技术的秘密当作不可动摇的信条来遵守，这就给技术的传播和促进带来了极大的阻力。这种教育又把师傅的权威绝对化，压抑了徒工身心的健康发展。这些缺点反映了封建社会的闭塞、凝固以及森严的等级性。在14世纪以后，行会制度已失去其进步意义，成为阻碍生产发展的保守制度，它不仅限制了生产技术的改进，而且压制学徒、帮工，成为垄断行业、压迫学徒和帮工的集团。学徒、帮工为了求得自身的解放而组织自己的行会“兄弟会”，为保卫自身的利益而与行会、师傅展开斗争。15、16世纪，西欧行会的学徒制教育逐渐走向衰落。从18世纪后半期开始，西欧各国先后完成了工业革命，机器大生产逐渐代替了传统的手工业生产，学徒制教育更加不能适应社会生产发展的需要。“16—17世纪以来日趋衰退的学徒制度，又因产业革命而遭到决定性的打击。”可以说，这时的学徒制教育形式已失去了其存在的基本社会基础，必将为新的职业教育形式学校职业教育所取代。中世纪西欧的学徒制教育，从11世纪到17世纪经历了一个由盛到衰的历史过程，它在职业教育史上留下了浓重的一笔，成为欧洲漫长而黑暗的中世纪时期一个不可多得的“亮点”。学徒制教育由于行会的壮大而得到发展，同时也由于行会的衰退而走向消亡。它是作为社会形式的职业教育的开端。直至今天，这种教育思想对于职业教育发展仍有许多指导和借鉴意义。

第三节　近代学徒制的起伏

整个16—18世纪是欧洲从封建社会向资本主义社会发展的过渡时期，无论是经济还是政治、社会的方方面面都处于一个不平稳的状态之中，学徒制也在这个趋势的影响之下开始在各种不安分的因素中发生着改变。

一、生产方式的转变

这里所提到的生产方式的转变主要是指从家庭作坊到手工工场的生产方式的渐变，其实也等同于是对学徒制的生存力的考验。

在封建社会中，家庭手工作坊可以说是手工业生产的基本单位。手工作坊主也就是师傅，他可以拥有私有的生产资料和生产工具，虽然有工匠和学徒的帮忙，但实质上还是以本人的手工劳动作为生活的主要来源。工匠与学徒仅有勉强维持生计的非常微薄的报酬，所以师傅与工匠和学徒之间的关系，一定程度上来说也并不是资本主义性质的劳动雇佣关系。而随着生产力的提高以及由对外掠夺和贸易扩张所带来的资本原始积累，在16—18世纪，生产方式已经从家庭作坊向以手工劳动和分工协作为基础的手工工场生产发展。手工工场的出现一定意义上也标志着资本主义萌芽的产生，大体分为两种形式：分散的手工工场和集中的手工工场。分散的手工工场指的是由商人将原材料提供给众多的小手工业者进行加工，然后再分散生产，但是这些手工业者却依旧拥有生产工具，保持着形式上的经济独立地位，而集中的手工工场则是由商人将劳动者集中在大型作坊中进行简单的分工生产。这种生产方式的变化给学徒制带来的影响是两方面的：一方面，师徒间原本亲密的私人关系转化成了有利益冲突的雇佣关系，这种学徒关系的性质开始变质，越来越多的师傅在招收学徒时，其实只是把他们当成了廉价劳动力；另一方面，学徒制的教学过程和教学功能也被弱化了，学徒的学习初衷开始背离。由于师傅大部分时间其实是不参与到生产的过程中的，并且在内部生产中也进行了简单分工，这也使得学徒观察师傅或得到师傅全面而细致的技术指导的机会随之减少了。

二、行会学徒制面临挑战

行会学徒制“圈地运动”引起的一系列经济、政治和社会矛盾，给行会学徒制带来了巨大挑战。

15世纪末、16世纪初，欧洲直通印度新航线的开通和美国新大陆的发现，使得欧洲对外贸易迅速增长，刺激了羊毛出口业和毛织业的发展。由此，在以英国为典型的欧洲地区，引发了后来被莫尔丁称为“羊吃人”的“圈地运动”。由“圈地运动”产生的大量破产农民涌入城镇或郊区，使得城镇快速发展，对手工业产品的需求也迅速增加，而这股猛增的生产需求又引起了激烈的市场竞争。不仅行会成员内部存在着激烈的竞争，就连破产的农民也加入了竞争队伍，他们或者在商人的组织下从事生产，或者在不受行会控制的郊区私自生产，这些都大大冲击了行会控制下的城市手工业生产秩序。原先的学徒制逐渐被师傅们当成雇用廉价劳动力的途径，而学徒们对行会学徒制的兴趣也在降低。另外，“圈地运动”还使社会贫富矛盾升级。由于贫困问题造成的社会矛盾经常以农民起义的形式，给政府当局造成很大的困扰。起初，在资产阶级未取得政权前，封建王朝希望能够通过政策法令去限制城市中的劳动力、济贫等对抗“圈地运动”的负面影响，不过后来资产阶级取得政权后，则对圈地采取了鼓励的态度，反而使圈地变得合法化，试图通过合法圈地来使城市的发展能够有更多的廉价劳动力。但无论是开始的封建王朝还是后来的资本主义政权，都希望采取措施，缓解贫困问题，使社会可以基本稳定。在济贫问题上，欧洲各国政府都把目光投向了学徒制。

三、行会学徒制的瓦解

行会及行会制度的腐败无疑也是使传统行会学徒制瓦解的主要原因。行会最初建立学徒制的目的之一是将其作为控制产品及服务的质量和数量的手段。它倾向于限制从业者的数量，使产品和服务的数量较少，从而使产品和服务的价格较高。后来随着城镇的兴起，对产品和劳动力的需求都在不断增加，为了应对竞争，师傅们就开始违反行会所制定的学徒制管理规定，招收了更多的学徒或工匠，并把他们当作廉价劳动力。另外，随着行会中既得利益者对行会权力的控制，行会逐渐成为少数人实施特权的机构。他们严格控制行会成员的数量，这也使得工匠取得“师傅”的称号变得越来越难。有的工匠甚至终身都无法取得“师傅”称号。因此，当时常常发生各种师傅与学徒之间的纠纷，需要地方司法介入处理。这样，原先具有技艺传承功能的学徒制，也已经渐渐变成行会阻止他人经营、保持垄断的排他性特权制度，长此以往它的名声也开始渐渐变坏，开始需要对其加以规范和调整。

在上述的社会背景下，从16世纪中叶开始，对学徒制的控制权开始转化，逐渐地由行会转移到国家手中，国家开始通过立法对学徒制的实施进行各种干预。典型标志就是英国1562年《工匠学徒法》的颁布与实施，该法对英国的学徒制进行了详细的规范。1601年，伊丽莎白女王又颁布了《济贫法》规定了“教区学徒制”。这两个法案在英国一直沿用了200多年。受到英国政策的影响，德国普鲁士地区也在1733年颁布了保证行会特权的法令，采取由国家对学徒制实行统一管理的政策。1794年，普鲁士又在一般国家法令中对行会和学徒制做了具体规定，并在普鲁士地区全面推行。

表2-1就16—18世纪英国和德国的部分法案对学徒制的相关规定进行了综述，同时从这些规定中可以看出英德两国政府当时对学徒制的管理主要包括了学徒资格、学徒年限、师傅义务、教学要求、满徒条件、违规处罚这几个方面。

表2－1 16—18世纪英德学徒制相关的法案及其具体规定

国家	法案	主要规定
英国	1562年《工匠学徒法》	每个学徒都要签署书面契约；只有不是劳工和农民的城市自由子弟才有当学徒的权利；学徒期为7年；完成了学徒制并年满24岁才可以就业；师傅带着三个学徒就必须请一个工匠，之后每增加一个学徒就要再增加一个工匠；违规者要受到起诉
	1601年《济贫法》	建立了教区学徒制；教区要负责送私生子、孤儿、流浪儿、穷人或是犯人的孩子接受学徒制培训

续表

国家	法案	主要规定
德国普鲁士地区	1733年法令	只有具备一定素养的人才有资格当学徒；一个师傅只能雇用两名工匠和一名学徒；对经济困难的学徒可以免收学费；师傅有对学徒进行教育的义务，不得使学徒因帮助师傅从事家务劳动而妨碍其学习技艺；市政当局有权不履行义务的师傅进行监督和处罚；学徒期满后师徒之间的雇用关系立即解除，并授予结业证书
	1794年一般国家法令	被雇用的学徒必须在读、写和宗教方面具备足够的知识，否则就必须把学徒送到学校学习；家长的职业不体面，但孩子并未参与，则孩子可以当学徒；师傅具有足够的能力但却没有雇用学徒时，要强制其雇用；学徒年限原则上定为3年，但难度较大的职业可以延长至6年；学徒结业时，必须在行会集会上或国家工作人员面前接受水平测验

注：笔者根据英德学徒制相关法案整理出此表。

当时，国家立法管理学徒制，其目的可以概括为三点：①规范学徒制；②解决师徒纠纷；③维护传统手工业秩序济贫以缓解社会矛盾。从实际效果上看，这些法令政策确实起到了一定的作用。

表面上，这些国家法令的出台表明对学徒制进行管理的层次更高了，但实际上，这些法令及其实际效果，却愈加说明了作为职业教育形式的学徒制正在衰败。国家立法最终无法阻挡资本的积累和集中以及西方社会向资本主义社会迈进的步伐，而以手工业行会为核心的学徒制，也在猛烈的资本主义经济浪潮中难逃崩溃的厄运。

总体而言，这一时期的学徒制特征与行会控制时期的学徒制在教学上其实并没有太大的变化，但有两点变化需要引起注意。一是对学徒制的管理和监督从行会层面上升到了国家层面，国家以法令形式对学徒制进行控制，使得违反学徒制的成本增加。在行业管理无力的情况下，国家立法对控制滥用学徒制的行为能起到一定的约束作用。二是师徒间的父子关系彻底转化成了雇佣关系，师傅与学徒之间按照契约相互行使权利与义务，这在一定程度上，也使得师徒关系相互对立。在当时资本疯狂扩张而政府又难以加以有效控制的年代，师傅作为劳动力雇佣者与资本积累者，使师傅作为教学者而提供的教学质量更加难以保证。

第四节 现代学徒制的复兴

一、西方现代学徒制的产生

在工业革命后100多年的历史中，甚至可以说直到今天，很多学校的职业教育一直占据着职业教育与培训的主舞台。并且，在很长的一段时间里，职业教育也的确起到了培养工厂生产所需要的初级技能劳动者以及促进教育民主化的作用。然而，学校职业教育与工作实践的脱离以及职业教育课程的“学问化”等根本性问题，也不可避免地使学校职业教育受到包括企业界、教育界以及学生的质疑，改革成了当务之急。

正当人们认为学徒制只适合家庭作坊的手工业经济而应该收入历史博物馆时，德国的异军突起，引起了世界的关注和对学徒制的重新思考。德国是第一次世界大战和第二次世界大战的策源国及战败国，战后不仅面临着因战争遭受的经济残局，还因为美苏冷战导致东西德分裂。但在战后的短短十多年间，联邦德国经济高速发展，并在20世纪60年代就再次超越了英法，成为资本主义世界第二大经济强国。可是关于它制胜的法宝，大多被认为是以双元制为特色的德国强大的职业教育体系，而这个双元制恰恰是一种将学校本位教育与工作本位培训紧密结合的新的学徒制形态。此后，各国纷纷开始研究和效仿德国的双元制，希望在本国也能改造或者创生出类似的培训制度，以适应现代经济与社会发展的需要。尤其是从20世纪80年代末开始，西方各国纷纷开展了新的学徒制改革，相关的立法、政策和项目也开始层出不穷。

如欧洲许多国家进行了相关的立法：丹麦和希腊1989年；卢森堡1990年；葡萄牙1991—1992年；法国1987年、1993年、1996年；爱尔兰1993年；荷兰1996年；西班牙和英国1993—1994年。其中英国于1993年推行现代学徒制，澳大利亚则在1996年推行了新学徒制，美国及加拿大从20世纪90年代开始开展学徒制改革。就此，学徒制在现代社会得到了重生，也重新掀起了新一轮学徒制研究与实践的高潮。

一般都将第二次世界大战以后出现的以德国双元制为典型、适应经济与社会的现代性要求、以校企合作为基础、纳入国家人力资源开发战略的学徒制形态统称为“现代学徒制”。特别需要说明的是，作为官方的正式用词，虽然“现代学徒制”一词是在1993年英国政府的“现代学徒制计划”中所出现的，而且从2004年开始，英国在新一轮的学徒制项目已经停止使用“现代学徒制”这个用语，但是为了能够显现出当时的时代感和时代的特性，同时也是为了便于区分当前的学徒制改革与传统的学徒制之间的不同，所以还是用“现代学徒制”这个词语来说明。

二、西方现代学徒制的现状

(一) 西方现代学徒制的概况

目前，大多数欧盟国家以及澳大利亚、加拿大等国都建立了或正在探索建立适合新时期经济发展需要的国家现代学徒制系统。表2-2显示了21世纪初部分国家的注册学徒人数，从数据上看，学徒制在当代德国和澳大利亚的职业教育与培训中占有相当重要的位置，甚至可以说即使在加拿大、法国、爱尔兰和英国等国家，也是学校职业教育与培训的有力补充，但是这种情况在美国却显得较为式微。

表2-2 部分典型国家21世纪初学徒制的发展情况

国家	总注册学徒比例					年份
	1	2	3	4	5	
	学徒制人数（千人）	15～24岁人口	15～54岁人口	15～24岁劳动力	15～54岁劳动力	
德国	1622	18.0	3.7	36.2	4.7	2002
澳大利亚	407	14.8	3.6	36.2	4.7	2003
加拿大	234	5.7	1.3	8.6	1.6	2002
法国	363	4.8	1.1	15.8	1.5	2002

续表

国家	总注册学徒比例					年份
	1	2	3	4	5	
	学徒制人数（千人）	15～24岁人口	15～54岁人口	15～24岁劳动力	15～54岁劳动力	
爱尔兰	25	3.8	1.1	7.6	1.5	2002
英国	224	3.4	0.7	5.0	0.9	2002
美国	489	1.4	0.3	2.2	0.4	2003

资料来源：Sharpe, Andrew & James Gibson. The Apprenticeship System in Canada: 5Issues[R].Ottawa: CSLS, 2005: 26.

（二）西方现代学徒制的典型性

与以往学徒制在各国表现形态的高度统一不同，现代学徒制已经出现了多元化的发展趋势，国家间的差异正在增大。Hilary Steedman 就将欧洲的学徒制分为了需求引导型和供给引导型两大类，见表2-3。需求引导型的学徒制也可以称为高企业合作与低学校整合型，其特点是雇主责任感高，企业培训强大，学徒制与全日制教育结构相分离，如德国、奥地利、瑞士。供给引导型的学徒制也可称为低企业合作与高学校整合型，其特点是雇主责任感低，企业培训相对较弱，学徒制与全日制教育结构进行了较为密切的整合，如英国、荷兰、丹麦、法国等。

表2-3　需求引导型与供给引导型的学徒制比较

	雇主责任感（高）	雇主责任感（中）	雇主责任感（低）
学徒融入全日制教育机构			法国、荷兰
学徒部分融入全日制教育结构		丹麦、奥地利	英国
学徒制没有融入全日制教育结构	德国、瑞士		

资料来源：Hilary Steedman. Apprenticeship in Europe: Fading' or Flourishing？ [R].London: Centre for Economic Performance, 2005(12).

这种划分与这些国家背景和传统的差异存在高度的一致性。这一点可以在加拿大生活水平研究中心的一项研究中得到验证，在该项研究中，加拿大生活水平研究中心比较了德国、法国、爱尔兰、美国、澳大利亚的学徒制实践，将这些国家的学徒制系统分为北欧系统（Northern European Systems）和盎格鲁撒克逊系统（Anglo-Saxon Systems）两类。

1. 北欧系统

北欧系统以德国为典型，丹麦、奥地利、瑞士等都属于这一类型。这些国家普遍有重视职业教育与培训的历史传统，相关立法较为完善，企业参与职业培训的责任感与热情较高。普遍采用双元制培训学徒，企业与学校分工、合作明确。

2. 盎格鲁撒克逊系统

盎格鲁撒克逊系统以英国为典型，爱尔兰、澳大利亚、加拿大等都属于这一类型。这些国家的企业培训传统一般为“自愿自助”，企业投入职业培训的意愿较低。而且国家比较注重普通教育，职业教育的地位相对较低，人们对学徒制的态度比较负面。但自20世纪末以来，这些国家在政府大力推动下进行大力度的改革，参加学徒制的人数显著增加。

第三章　德国现代学徒制

第一节 德国现代学徒制的内涵

一、德国现代学徒制的基本内容

德国现代学徒制的基本内容按结构可以划分为三个层次，分别为宏观、中观和微观，这三个层次中的每一部分在企业、职业学校的行为方面都分别受到不同的法律制度方面的约束，并且也根据行为的不同受到不同机构的管理。德国现代学徒制的宏观政策方面的制定者大多是联邦政府和各州政府。1969 年联邦政府颁布《职业教育法》，对学徒制中企业培训的基本政策做出了规定，这其中包括了 8 个部分：一般条款、初级入门培训的关系、职业培训的组织、职业培训委员会、职业培训研究、特定经济行业和职业的特殊条款、犯罪行为的条款、修订与废除过渡性和终结性条款。

需要注意的是各州政府制定《学校法》的主要目的就是规范本州的职业学校的教育过程。同时，在德国现代学徒制中企业内培训和职业学校教育的管理制度和管理机构也各有不同。联邦政府在颁布《学徒制条例》时，就明确规定了学徒制中关于企业培训这一部分一定要覆盖和培养的内容与技能，并且授予行会企业培训主管机构的地位，以赋予行会管理权力。行会也依照《学徒制条例》负责企业培训过程的组织、管理和监督。一般来说，在职业学校的培训过程都是由学校监督委员会来监督和管理的。而职业学校教学的依据则是由联邦德国各州教育与文化事务部部长联席会（KMK）共同制定的课程框架，一般各州的教育与文化事务部可以根据具体情况进一步修订，才可有资格去颁布在本州职业学校的相关教学计划。德国现代学徒制的教学工作则是由企业师傅和职业学校教师共同完成，不过这二者从教资格获得所依据的制度和途径不相同。一般企业师傅大多也都是这个企业的员工，所以他们也都基本能够掌握该行业的实际工作技能。根据联邦政府颁布的《企业师傅能力条例》，如果想要获得企业师傅的资格，那么就还需要接受为期 1 ~ 2

个月左右的教学方法和教学能力方面的培训。有所不同的是，在1973年德国文化部下达的《职教师资培训统一规范》，职业学校教师也需要获得基本资格，“硬规定”让他们必须要接受为期4年的高等教育，同时为了能有工作的实践能力，还需要经历1~2年的实习期，职业学校的教师资格获得所需时间更长。

二、德国现代学徒制的要点

德国现代学徒制教育是在企业和职业学校同时进行，不过大多是以企业培训为核心，以职业学校教育作为辅助的，二者之间协调一致、有机融合，共同实现教育学生的目标。为了能够更好地将德国现代学徒制进一步的分析和理解，会从宏观、中观、微观这三个层次来总结它的核心制度要素。

(一) 宏观层次：职业和职业能力

如果以宏观的角度来看的话，德国现代学徒制是受到《联邦职业教育法》的制约和约束的，但是职业和职业能力却是制定现代学徒制相关法规的核心要素，更是学徒制的组织原则。德国《联邦职业教育法》也确定了德国现代学徒制所覆盖的职业范围，同时也确定了职业范围内所需的职业能力。现在德国大约有340个职业。而关于“职业”的划分还是有些模糊的，一般情况下“职业”在德国现代学徒制中有两种功能，分别是劳动力市场方向和个人发展方向。如果从劳动力市场来看，那这个职业就是具有配置功能的。但是如果从个人发展的角度来看的话，职业是具有社会化功能的。在劳动力市场中，职业教育、职业和职业生涯这三者都是存在着确定的内在关系的，也就是说职业教育和职业生涯主要是依靠职业来进行建构的。但是对于已经确定了职业的学徒来说，它的培训岗位也是被企业所认可的，它的培训过程也是被社会所接受的，所以这种模式培养出的学徒在毕业后也是受到劳动力市场的欢迎的，并且在完成学徒制的学习之后，也是比较容易顺利实现从学徒岗位到劳动力市场上就业岗位的过渡的。一般所谓的“职业”都是要求学徒们不但需要有能满足当前所处的企业的相关的具体技能要求，同时也要求其能够尽量地掌握少数比较特定的任务时的技能，还需要掌握一个职业领域要求的通用能力。不过因为不同的职业对人才能力的要求不同，所以大多需要通过对“职业”的界定来实现人才配置和选择的功能，这也是德国现代学徒制的优势所在。一般来说“职业”对于个人发展过程的影响也是不容忽视的，职业教育的总体目标就是为了能够培养出在指定的职业环境中依旧不受能力的制约且有着足够的能力去工作和行动的人。德国《联邦职业教育法》的第一款第三条对于职业教育的定义是：“在一个不断变化的工作世界中培养个人必要的技能、知识并提供足够的职业经验，也是为其个人职业生涯做好准备。”由于职业教育的目标一般都不仅仅局限于个人，不是让个人的发展受到局限，也不是说将其压制在一个特定的功能领域中，而是希望能通过工作实践的不断变化来达到调整与适应，同时除了职业领域技能要求外，它也涉及个性培养和个人为参与社会做的准备。因此，“职业”的制度模式也随之向外延伸出了社会化功能。职业能力所指的是专业技能、工作方法和人际关系技能。职业能力帮助个人有能力通过既定的工作环境的具体情况来采取行动，也就是说一种职业所代表的是以个人为单位所从事的一定职业领域的能力及其个性。德国现代学徒制对职业能力的具体要求则主要体现在职业学校的“课程框架”和针对企业培训的《职业教育法》之中。一般在学徒制结束的时候，若学徒能在特定的职业环境中按照自己的意愿行动，就实现了职业教育的目标。德国学徒制的职业范围每年会根据人力资源市场的变化来调节，以保证学徒制能够培养出适应劳动力市场需求的人才。

（二）中观层次：“一致”和“社团主义”原则

中观层次的核心要素是企业内培训和职业学校教育管理中需要遵守的两个制度性原则，分别是“一致”原则和“社团主义”原则。其中“一致”原则所指的是教育决策谈判的具体形式，也就是目前德国现代学徒制中社会团体的合作基础。根据“一致”原则，德国现代学徒制相关的社会团体，也包括雇主及雇主协会、员工及工会、联邦政府和联邦各州等，会就学徒制的目标、教学内容、职业技能培养方法和考试要求来达成一致的意见并且制定出能够被各方所接受的，即使在全国范围内都适用的《学徒制条例》。也因如此，该条例是企业标准化培训过程的基础，也是企业内培训的最低标准。

以“一致”原则为合作基础的德国现代学徒制也由此获得了广泛的社会接受，市场风险和政府失灵的风险也竭尽所能地达到最小化，同时还帮助克服了在《学徒制条例》中出现的执行障碍。除此之外，职业学校课程框架的开发过程基本上也遵守了“一致”原则，同时确保了《学徒制条例》与职业学校的课程框架的一致性。德国采用“社团主义”原则管理和规范职业培训过程，德国现代学徒制中企业培训的管理和监督机构是诸如工商业和手工业类型的行会，它所负责的是实施学徒制的各项法规，同时也对企业培训过程进行监督和管理，行会所组织的学徒制认证考试，一经合格就可以有资格被授予职业资格证书。职业学校的监管机构是学校监督委员会，主要负责管理和监督职业学校的培训过程。行会和学校监督委员会都是社会自治组织，它一般也是处于“主管机关”的法律地位，也是国家与市场之间的中间机构。“社团主义”原则的优势就在于它能够帮助保证在社会组织之间所达成的规章方面的执行以及监督工作，可以说它是学徒制管理和监督的社会规则，更是保证了职业教育中国家和市场两者利益平衡的大功臣。

(三)微观层次:“行动导向”和“以学生为中心”

微观层次所提到的主要是实际的学徒制教学过程，也就是学徒在真实工作环境中所学习到的在不同职业领域所需要的技能，更是帮助其实现了个性上的发展。细化之下可以将德国现代学徒制职业教育过程的两大制度性教学原则分为“行动导向”和“以学生为中心”这两大重点。

其中“行动导向”所指的是在学徒制的教学过程中教学方法上的选择主要是通过职业行动过程所决定的。所以也可以认为学习和工作其实是一种共生的状态，二者之间是相互依存、相互影响的，人们可以在有意识的目标导向的行为活动中学习，但是在行动过程中关于个人认知和职业能力方面多多少少会产生一些改变。也因这样，“行动导向”的学徒制教学过程也包括了学习和行动，它将工作执行与技能习得的双重过程合并总结。

由于德国现代学徒制的重要教学场所主要就是企业所在的工作场所，所以在“行动导向”的教学原则之下，企业师傅也会考虑《学徒制条例》上相关的制定工作的过程导向培训计划，它的教学内容也同时涵盖了大部分在职业岗位方面所要求的能力与知识，与工作过程的关系紧密相连。企业师傅和学徒通过共同确定学习任务和目标，采用项目教学法、案例教学法、角色扮演法、实验教学法等多种教学方法引导学徒“做中学”，同时学徒也可以自己来策划、执行、评估将要完成的工作任务，以达到掌握专业知识和技能的目标，同时也为未来工作环境中的自主行为做简单的准备。

而以“学生为中心”的教学原则则是德国现代学徒制的另一重要教学原则，在企业学徒制的培训中，以“学生为中心”通常是指企业师傅在制订教学计划时，必须要考虑到学徒的认知特点和个性特征，既要培养学徒的专业技能，又要适应学徒的个性化发展。另外，企业师傅除了教学之外，还必须能回答学徒关于个人和学习需要的咨询问题，也就是说企业师傅不仅仅是专业教师，同时也是职业生涯咨询师。在职业学校中，课程的选择也贯彻了“学生为中心”的教学原则。

职业学校的课程主要分为两大类型：一类为通用型课程，如数学、英语、阅读等；另一类为专业理论课程，如经济学、统计学、力学等。教师要根据学生所选择的职业专门为其制定个性化的课程组合，自1998年以来，德国就开始引入“模块化”课程，其课程一般分为专业模块和选修模块，学生可以按照自身情况选择适当的专业模块课程，在具备了基本专业能力的基础上，再根据自身职业发展的需要选修相应的课程。

三、德国现代学徒制的优劣

德国现代学徒制的最大优势在于“国家主导、市场驱动”，也就是国家主导学徒制的发展方向，同时市场也对学徒制各方需求和利益进行调节。

一方面，德国政府积极参与现代学徒制并发挥了主导作用。首先，联邦政府会通过《联邦职业教育法》来确立国家参与职业教育的原则，也规定了从联邦到州、地方政府、各企业及社会团体的学徒制的管理权限与义务。具体来说，联邦政府会负责制定与实施全国性的学徒制法规，提出学徒制培训计划，分配学徒制经费，指导协调各州学徒制工作。联邦政府委托职能部门负责学徒制的具体事务，如联邦职业教育研究所负责学徒制的协调、咨询和监督工作。其次，联邦政府从立法层面干预私人企业训练，来方便制定《学徒制条例》，来方便全面规范学徒制中企业培训行为，同时授权行会来负责实施与管理企业培训。联邦政府还制定了《企业师傅能力条例》，就是为了能够便捷地对企业师傅教学资格的获取和教学活动有一个明确的规定。并且，各州议会制定州一级的职业学校法规与条例，州政府会委托各职能部门来负责相关的实施工作。各州教育与文化事务部部长联席会制定学徒制中职业学校培训的课程框架，各地方也会相应地根据具体情况来完成进一步的细化与调整。而学校监督委员会的责任就是负责职业学校培训过程的监督和管理。通过这种自上而下的分层管理方式，可以方便政府深入参与学徒制的整个过程，同时也为学徒制提供了强有力的外部保障。

另一方面，德国现代学徒制的发展主要还是受市场的驱动与调节。从大方向上来审视的话，德国现代学徒制所遵循的“就业导向”原则，其所覆盖的职业范围以及各职业所需的职业能力都是基于广泛的人力资源需求来进行市场调研的，是由学徒制的参与各方一同确定的，同时也明确载入《联邦职业教育法》之中。当然为了保证学徒制培养出劳动力市场需求的人才，学徒制的职业范围每年也会根据人力资源市场的变化进行调整。

从原则上来说，“一致”原则和“社团主义”原则的确保证了学徒制的利益各方的共同参与设计和决策过程。“一致”原则也保证了利益各方能根据《学徒制条例》的决定来达成一致的意见，“社团主义”也体现了学徒制管理过程中各方利益的平衡，保证了《学徒制条例》的顺利实施，最终实现学徒制的整体目标。而“行动导向”则是贯穿于德国双元制职业教育教学过程始终的原则，以真实的工作情境、工作过程作为导向的教学过程、“做中学”的教学方法，为双元制的教学效果提供了有效保证。再看以“学生为中心”的教学原则，则是通过学徒的职业生涯发展需要和个性特性来帮助选择与学徒的实际情况与能力相匹配的教学计划及课程，既满足了企业对员工的要求，同时也实现了学徒的个性发展。

不过如果从制度的角度来说，德国现代学徒制也确实存在着不足。虽然严格的“职业”制度的确为德国现代学徒制提供了高度稳定的结构，但是不断变化的工作环境，新职业的不断出现，双元制中的职业及职业能力必须要随着工作实践的变化而不断调整，然而严格的“职业”制度也使得新建或者更新一个培训职业的周期变得非常长，多少造成了双元制对劳动力市场反应上的影响，也使得滞后情况比较严重。除此之外，由于学徒制的利益各方博弈的过程复杂、时间较长，所以“一致”原则和“社团主义”原则通常也会导致德国双元制的调整的时间滞后或停止。

第二节　德国现代学徒制的模式

德国双元制一向都被誉为当今世界学徒制甚至于职业教育的“典范”。然而，实际上，德国双元制并不是细致规划和发展的产物，也可以说它不是在“温室”中成长的而是经历了错综复杂的历史过程才逐渐演变形成如今的有机整体。双元制中的企业培训与学校教育两大元素，甚至在很长一段时间里都是彼此独立发展的两个单独系统，直到20世纪，这两部分才被整合并有意识地加以结构化，从而形成了一个有机整体，也就是现如今所称的“双元制”。

一、手工业行会学徒制（12—17世纪）

在德国，作为公共制度的学徒制是从中世纪早期的行会学徒制开始的，目前发现的最早史证是1182年的《科隆地区车旋工培训规章》。手工业行会学徒制的兴起与德国行会制度在中世纪的盛行原本就有着紧密的联系，12—13世纪的德国，手工业生产的发展较为显著，城市手工业逐步地取代了原有的农村手工业。在德国南部出现了许多大城市，如科伦、纽伦堡、奥格斯堡、乌尔姆等。到了14—15世纪，城市手工业更是处于繁荣时期，诸如呢绒、亚麻等手工作坊的分布也很广，武器制造、旋工、金银首饰、镂刻等也都非常发达，可以说家庭作坊是当时手工业的生产组织形式。

随着城市手工业的发展，德国手工业行会制度逐渐建立并且发展壮大起来。根据资料的分析和一些文献的记载，德国最古老的行会是1106年沃姆斯的贩鱼者行会以及1128年的马格德堡的制鞋者行会。到了14—15世纪，德国城市已经建立了数量众多的行会，如法兰克福有137个行会，里加有90个，纽伦堡有96个，吕贝克有129个，汉堡有114个。

总体上，行会制度在德国的根基还是要比在其他国家更为牢固，因为德国行会制定了最完备的立法，同时也最为彻底和坚决地推行了著名的强制会籍制。即使到了16、17世纪，行会制度的传统在德国仍然极为顽强。直到1800年，工业生产还完全控制在德国的行会手中。手工业行会中的从业者一般都会有严格的等级限制，被划分为学徒－工匠－师傅三个等级。“手工业师傅训练”也就是一般情况下所说的学徒制是手工业行会培养手工艺人的方式，同时也是当时唯一的职业教育形式。当然，技艺传承绝不是学徒制的唯一目的，甚至不是主要目的。更为重要的是，手工业行会是否可以通过学徒制来控制生产规模，减少市场竞争。手工业行会通过行会章程或案卷，对学徒资格、合同签订、师傅守则、学徒期限和满徒要求等事项进行了详细的规定。每个师傅一般至多只能招两个学徒，也至多只能配两名工匠。学徒应具备的条件一般包括德国血统，自由民的婚生子女非私生子，年龄在12～18岁并且健康和体力状况良好。学徒期限的长短依不同职业和地区而不同，但通常为4年，不过铁匠一般为8年，泥瓦匠6年，金刚石磨工为3年，而且一般情况下还需要按照有关规定去签订书面合同，并在学徒期开始时设2～4周的试用期。

学徒在师傅的作坊和家庭里学习和生活，一般主要学习方式都是通过师傅示范，然后学徒跟着模仿和练习，但是没有系统的理论知识来教导，其训练效果在很大程度上取决于师傅个人的态度、专业能力与教育技巧。在学徒期结束时，学徒都需要参加满徒考试，然后通过一定的仪式宣布考试合格者学成，也就有了升为工匠的资格。这个阶段之后工匠还一定要经历若干年的工匠期，在工匠期内，工匠通常要到处游历，在其他的师傅的作坊里帮工，来帮助扩大眼界和完善知识和技能。一般游历期结束后，工匠就要升为师傅，除了必须做出技艺高超的作品外，还要通过师傅考试，然后才能获得师傅称号以及独立开业的资格。比如，德国律伯克金饰匠行会就规定，工匠要成为师傅必须制造出三件“杰作”，也就是，精工的戒指，英国雕花式订婚手镯，剑柄上用的烤蓝色的环。在由师傅们组成的评审会批准后，还要举办宴会，总之，要成为师傅并不是一件容易的事，为了能够让自己有资格去承担和完成工作还是要下一番工夫的。

二、行会学徒制的衰败（18世纪至1869年）

家庭作坊的手工业在14—15世纪发展到极致。随着分工的升级和资本的积累，在16—18世纪，手工工场成了德国的主要生产组织形式。另外，从16世纪开始，也因为受到西方世界的商路由地中海转移到大西洋的影响，德国的工商业逐步衰退，德国的行会也随之衰弱。到18世纪，德国的手工业行会对学徒制培训的控制力已经非常薄弱，以至于很多地方都出现了滥用学徒制的情况，也导致了很多社会问题。为了挽救日益衰败的行会和学徒制度，以保证社会正常秩序，德国政府也不得不开始了对德国的学徒制的政策干预。

从18世纪初起，德国就出台了各种规章法令来对学徒制的学徒资格、师傅资格、学徒年限、满徒条件等进行规范并设定了一定的标准。

进入19世纪，德国政府要面对的问题，已经不仅仅局限于学徒制，而更集中于体现行会制度本身。“强制会籍制”的行会制度阻碍了正常的市场竞争，阻碍了生产的进一步发展。一方面，德国政府想通过鼓励自由经济来繁荣社会，另一方面，行会的顽固斗争以及德国政府保护本国手工业的考虑，又使其难下决心彻底废除行会对经济的控制。因此，在这一时期，德国政府对行会以及学徒制的政策态度呈现出在自由经济和保护主义之间的摇摆。1810年，普鲁士颁布《营业税法》，规定缴纳了一定税款的任何人都可以自由地经营某种行业，同时也废除了行会的强制入会制，宣布了企业的“经营自由制”。然而19世纪40年代，由于德国的许多工厂从英国引入了大量的机器和熟练工人，又使德国手工业面临困境。于是1845年，普鲁士地区又发布工商条例，承认行会可以继续存在，还规定招收学徒者必须确证具有授徒技能并是某同业公会的成员。这一法案使德国又出现了全面恢复原来行会的垄断权的趋势。1849年，普鲁士修订了营业条例，再一次限制经营自由制，建立了工匠考试、师傅考试和关于建立工会的规定、限制徒弟的雇佣以及规定了学徒年限。然而，该法令也没有取得预期效果。

经过多次摇摆，1869年颁布的《北德意志联邦工商条例》最终全面确立了经营自由制的原则，它代表了德国自由主义经济法制的高峰。其中的第一条款是关于学徒制的，它去除了当时强制性的职业资格证书、书面学徒制合同、学徒比例、学徒制时间以及费用等规定，学徒合同被认为是私人合同。

同时要注意学徒合同只受到普通合同法的规范。

三、双元制的初建年（1869—1920年）

工业化是世界各国学徒制演变过程中遇到的普遍挑战。德国是进入工业化较晚的欧洲国家，这与德国政治上的四分五裂、封建农奴制和行会制度的顽固都不无关系。1784年，德国才首次使用了纺织机。次年，第一部瓦特蒸汽机在德国投入运转。此后，由于机器发明，在纺织、炼铁和机床建造等各领域，机器操作逐渐代替了手工操作。虽然德国工业化起步较晚，但发展速度却非常快。从1800年到1888年，德国的工业产值从6000万英镑跃增到58300万英镑，增长了近10倍。特别是19世纪50年代至70年代，由于资本的大量投入、股份公司的纷纷建立，机器生产规模的不断扩大，德国工业发展经历了“爆发式”的过程。随着德国工业化的进程，探索适应工业的新型学徒制的旅程也就此开始，在19世纪的最后几十年里，德国经历了严重的经济萧条时期，包括1873—1878年、1882/1833—1886年以及1890—1895年的总共三轮的经济衰退。直到1895/1896年，德国经济才开始走出萧条。然而，恰恰是这几十年的经济衰退及其引发的社会危机，挽救了已经岌岌可危的德国手工业学徒制，同时滋生出了双元制中的另一要素——学校职业教育。并在20世纪初，形成了由企业职业培训与学校职业教育双轨并行的德国现代双元制雏形。

可以说，德国手工业学徒制在这一时期的重生，不仅是一项培训政策，更是德意志帝国中产阶级政策的副产物。当时，新的中产阶级已经产生，那就是小资产阶级。面对两大中产阶级阵营，德国政府当时的中产阶级政策的核心要旨是使旧中产阶级，像是手工业、小零售商以及小作坊主之类的人免于沦为无产阶级的命运，并整合到维护国家的阵营中去。“关税运动”“中产阶级运动”都是这一政策的集中体现。

虽然1869年的《北德意志联邦工商条例》确立了自由经营制，但仍然对学徒制进行了保留。在1878—1897年前以及后来的1908年，德国国民议会通过了一系列的行业法案来保护小零售业，也规范学徒制，如1881年、1883年、1884年、1886年、1891年的《工商管理条例》修正案。尤其是

1897年的《手工业者保护法》，更是标志着德国手工业学徒制在工业时代的重生。该修正案以法案形式认可了建议手工业行业协会来代表和保护手工艺人的利益。新建立的行业协会的主要职责包括：规范学徒制；监督和执行学徒制的规范；向当局提供手工业的报告和信息；编制申请，并根据这些活动撰写年度报告；为行会的非会员的学徒建立考试委员会；建议考试决定委员会。手工业行业协会被授予了为所有与手工业相关问题发言的权力，并且成立了在行会之上的监督和决策机构，比行会拥有更多、更高的法律权力与地位。该法案还对学徒制进行了严格的规范。培训师一般至少要24岁，并且完成了学徒制，或者独立从事或以工匠身份从事本行业至少5年；学徒制合同必须上交到行会或行业。协会学徒制一般为期3年，合同必须为书面形式并有强制性的试用期。手工业行会和行业协会实际上垄断了手工业的职业培训考试。另外，该法还引入了保护手工业师傅称号的条款，这部法案的标志性意义在于它确立了德国职业教育是“经济界的责任”这一重要原则。1908年的修正案，对学工业师傅的资质提出了更高的法律要求，规定进行学徒培训的企业主，必须通过师傅考试，获得认证，这进一步提高了手工业学徒制的地位，同时，学徒制中开始滋生学校要素，1869年的《北德意志联邦工商条例》虽然总体上放宽了学徒制规范，但却提出，不足18岁的学徒和工匠，有进入进修学校接受职业补习教育的义务。它标志着学校要素在德国学徒制中的产生，这就必须回溯德国双元制中的职业学校的发展历史了。当时承担学校教育的机构是“进修学校”，进修学校的历史可以追溯到16—17世纪由宗教界与实业界一起举办的星期日学校，其作用是补充手工作坊的普通知识和技能培训，分成传授普通教育知识的教会星期日学校以及教授计算、绘图、机械和普通技术课程的手工业星期日学校两类。后来，这些学校逐渐转变为“进修学校”，随着生产方式的改变，学徒制的教育结构发生了变化，越来越多的学徒不住在师傅家，师徒之间变成了简单的雇用与技能培训关系。低阶层的青年社会化问题越来越严重，特别是19世纪最后30年的经济萧条使问题更加严重。青年犯罪率大大上升，从1882年的30662宗增加到了1913年的53389宗，大量青年参与了1889年的矿工大罢工。此时，学校教育成了政府抵制社会问题的重要武器。德国政府决定通过普及进修学校义务教育，将低阶层青年融入资本主义国家中。

从1869年以来，德国多次用法规形式规定了学徒必须在进修学校接受义务教育。如1872年，政府颁布了《普通学校法》，要求18岁以下的已就业青年，要尽可能地继续接受职业补习教育。但该法案未得到有力实施。1881年和1883年的《工商管理条例》修正案中明确规定师傅有送学徒到进修学校或实业学校学习的义务。1884年，进修学校归属普鲁士商工部负责。1887年，普鲁士商工部规定，在西普鲁士州、波森州，人口在2000人以上的地区必须设立进修学校；小市镇村应与工业企业团体共同设立进修学校，18岁以下的青少年有进入进修学校的义务。1891年的《帝国工商管理条例》修正案还规定了不上进修学校的处罚措施。并且经过1900年、1901年的修改，18岁以下的女性劳动者上进修学校也成为义务。1919年的《魏玛宪法》明确规定，普及义务教育原则上由8学年的国民学校和与此相衔接的直到18周岁的进修学校来实施。德国政府的义务教育措施使德国的进修学校发展很快，据统计，到1900年，德国就有工业进修学校1070所，在校生已达15.29万人。

不过，直到19世纪70年代前，进修学校还主要是普通教育性质的部分时间制学校。但在进修学校义务教育实行不久后，一些资产阶级教育家，从中小手工企业的立场出发，纷纷批评这种教育缺乏实效，主张将职业培训当作进修学校的主要学习内容。这些教育家包括吕克林、施普兰格尔、帕赫等人，而最具代表性的则是凯兴斯泰纳。他对普通进修学校提出了批评，主张用按职业划分的进修学校取代普通进修学校。一个具有巨大影响力的组织则是成立于1892年的德国进修学校联盟。1899年，在法兰克福举行的第四届德国进修学校会议决议，进修学校应该是“职业学校”，这一点应该在其内部和外部组织中得以体现，它应该成为“与车间相对应的理论场所”，并成为满足手工业需要的机构。1900年至1906年，慕尼黑建立了52所按凯兴斯泰纳原则设立的专门的进修学校。1920年的德意志帝国教育会议将进修学校正式改为“职业学校”，使进修学校完成了从普通教育向职业教育的角色转变。至此，由企业职业培训与学校职业教育双轨并行的德国双元制雏形基本形成。

四、双元制的确立（1920—1969年）

虽然在20世纪初，双元制的两轨也就是企业培训与学校职业教育，已经基本形成，但是从制度角度上来说，双元制仍然还未得到确立。因为当时还未形成统一规范双元制的综合法案；双元制中的校企合作机制还不清晰；工业学徒制也还未摆脱手工业学徒制的影子，还未能形成适应现代工业生产的教育教学模式；培训的要求和内容还存在各自为政的状态；等等。因此，这只是一个起点，适应现代工业生产的双元制探索才刚刚开始。通常认为，直到《职业教育法》颁布才标志着德国双元制的确立。在这50年的动荡时期，德国双元制经历了“从大工业前那种松散的、不统一的企业与学校独立发展，向较现代化的和结构越来越明晰、合理的方向发展阶段”。这些变化主要体现在以下几方面。

（一）双元制的法制化

1920年，德意志帝国教育会议将进修学校改称为“职业学校”，并依据德意志宪法第2章第145条，规定所有18岁以下的青年都必须在职业学校里学习。但由于财政原则，各州拒绝了德意志内政部的这项计划。到1925年，只有6%的男性青年和23%的女性青年入学。1937年，德国科学、教育与成人教育部颁布法令，要求统一全德的职业学校和专门化机构的名称，用“职业学校”来统一称呼“职业学校”“全日制专门化职业学校”以及“专门化机构”，从而结束了名称混乱的局面。1938年7月6日，德国科学、教育与成人教育部颁布了《德意志义务教育法》，第一次对青年进入职业学校接受普通职业义务教育做了全国性的统一规定，使得双元制在学校的教学部分有了法律上的依据。1953年，德国颁布了《手工业条例》，再一次确定了企业界对学徒制的职权。1964年，德国教育委员会在《对历史和现今的职业培训和职业学校教育的鉴定》中首次使用了“双元制”一词，正式将这种企业与职业学校合作培养职业技术人才的形式用语言确定下来。而1969年8月14日颁布的《职业教育法》则是德国职业教育史的重要里程碑。在这之前，有关学徒制和职业教育的法律规定都是分散在各种经济法案中的。它的颁布标志着双元制作为一个完整的培训体系完成了其制度化的过程。

（二）培训的标准化

1908年，德国工业界成立了“德国技术教育委员会”，以表达它们对工业学徒制的兴趣和利益。在以后的30年里，这一机构成了德国工业培训政策的代言人。1925年，德国又成立了职业培训工作委员会，其成员包括德国技术教育委员会、德意志帝国工业联盟、德国雇主联盟、德国工商业行业协会联盟。职业培训工作委员会最紧急的任务就是界定并形成大量工业职业的结构，也就是从纵横两个维度来区分职业，收集更多职业统计，并使职业咨询和职业培训更加理性化。利用该委员会的框架，德国技术教育委员会在1926年首先开始界定金属加工、造船和化工业的职业，区分熟练工、半熟练工和非熟练工，建立了培训职业的职业档案以及统一的工作名称和培训期限。在接下来的几年里，这一组织概念得到了进一步的发展，并延伸到了其他经济领域。与此同时，这种“结构化”的原则也得到了广泛的认可和运用，比如培训合同的标准化。

1935年出版的新的标准化的培训合同使“职业手册”成了培训合同不可缺少的组成部分。这时，工业界认识到，为了使企业和行业部门的技术工人考试被接受，有必要规定并建立统一的考试要求。1936年，为了结构化培训职业，德国技术教育委员会通过了第一个综合性的“指导方针”。同年，它开始开发职业培训计划，目的在于将职业手册中的技能和知识整合到具体的企业内培训实践中。1937年，德国技术教育委员会特别组建的工作委员会开发出了职业倾向要求。至此，系统化、标准化的培训系统或者说培训程序基本形成。同时，职业学校的教育也经历了标准化的过程。而这一过程又跟职业学校的专门化有关，在很长一段时间里，职业学校服务经济的功能始终没有得到重视，特别是在1923—1926年的“稳定危机”和1930—1933年的世界经济危机中，职业学校主要被当作劳动政策工具来对抗青年失业的大量增长，损害了职业学校的“职业性原则”。1928年，凯哥尔在《机械装配工的专业课程》里强调了职业学校课程开发的三大原则：使培训与企业相适应的原则；将学科知识安排到逻辑学科领域的原则；按体现学生接受能力和教育背景的方式组织学科知识的原则。从1937年起，德国教育部开始按这些原则制订统一的教学计划。次年，德国技术教育委员会与德国工作前线等部门开始了开发德国教学课程的合作，并于1940年出版了第一个机械装配工和泥瓦匠的德国教学课程。在接下来的几年里，又出版了家具木匠、精密机械工、车床工、烟囱清扫工以及汽车工业的课程，直到第二次世界大战这一项目才停止了。

（三）工业培训方法的现代化

19世纪最后的几十年里，德国的经济结构发生了重大的变化，大工业超越了手工业，成为主要的劳动部门，在工业界受训的人数也大大超过了传统手工业的受训人数，见表3-1。大工业生产与传统手工业生产无论在生产技术上还是生产组织管理形式上都存在巨大的差异。这就决定了现代工业必须摆脱传统手工业学徒制的教学方式，探索适合自身的培训模式。

表1 普鲁士行政区手工业与大工业受训人数

单位：人

时间	手工业	大工业
1871年前	5415	375
1871—1881年	8150	6466
1881—1891年	13487	13415
1891—1901年	14895	20673
1901—1907年	4715	23284

资料来源：国家教委职业技术教育中心研究所．历史与现状：德国双元制职业教育[M].北京：经济科学出版社，1998：6.

其实，这种探索早在德国工业化早期就已经开始。1821年，企业家柯尼希和鲍尔就在符腾堡创设了训练工场。1870年，普鲁士国家经济管理部门在铁路行业中进行了大规模的成功尝试。接着，许多企业纷纷效仿，开办了自己的训练工场，如奥格斯堡－纽伦堡股份公司机器制造厂、盖斯林根的符腾堡金属制品厂、耶拿的卡尔·蔡斯光学仪器厂、柏林的西门子公司等。在1912年，德国还只有11个训练工场，1919年，私营行业中的训练工场就达到了39个，1926年，全德有175家，世界经济危机爆发后这一数字稍有停滞，后来，训练工场的数据从1923年的170家增长到1937年的1550家和1940年的3304家。这一数据在战后的联邦德国再没有达到过。

训练工场中培训的主要特征是它的培训课程。这些课程的教学是将完成的工作任务分解成单个操作如锉、测量，然后根据难度，将特定的操作任务不断整合到学习中去，受训者在特定时间内按这样的顺序进行学习。这种课程教学的先驱就是“俄罗斯制”，历经多年，这种培训课程才在德国工业界确立了地位。1919年，经过修改，AEG（Allgemeine Electricitats-Gesellschaft）的机器装配式课程成了德国技术教育委员会的第一个正式培训课程，在全德实施。20世纪20年代，德国技术教育委员会又为模型工、铸工、锻工、机修工、模具钳工、车床操作工等工种开发了培训课程。从20世纪30年代开始，德国技术教育委员会还为相关职业建立了通用的基础课程。

另外，企业内学校也是德国工业界对工业培训的探索，特别是德国技术教育委员会和德国技术培训研究所（Deutsches Lnstitut for Technische Arbeitsschulung，简称DINTA）都非常支持建立企业内学校。德国技术教育委员会甚至还利用它的杂志《技术教育》发起了一次全面的“企业内学校运动”。虽然工业界想尽可能地控制学徒培训，但同时又想逃避高额的培训成本。因此，在经济萧条时期，许多企业内学校关闭了。从1929年到1938年，企业内学校的数量从126家突减至38家，企业内学校运动最终失败。第二次世界大战后，联邦德国的企业内学校数量始终保持在12个左右。

五、双元制的发展（1969年至今）

从20世纪70年代开始，德国双元制不断面临新的挑战，进入了新的发展时期。1981年，联邦议院通过了《职业培训促进法》，进一步促进双元制的发展。德国双元制在这一时期的发展与变化可以概括为以下几个方面。

（一）重新划分培训职业

为了适应现代生产发展的需要，并不断改善双元制的质量，按照《职业教育法》的框架，自1969年以来，德国不断对双元制培训职业进行修改和调整。包括去除过时的职业，组合并重构一些内容相似的培训项目。1971

年尚有606个培训职业，到1994年就仅剩373个了。

（二）建立跨企业培训中心

为了满足没有条件单独承担培训任务的中小企业对培训的需求，德国的行业协会建立了许多跨企业培训中心作为补充。《职业教育法》第22条以及1953年的《手工业条例》第23条规定，未培训或想培训可以在培训场所以外提供补充培训。为了帮助这类企业，从1973年起，联邦政府向跨企业培训中心提供了大量的资金，跨企业培训中心逐渐成为企业与职业学校以外的第三个学习场所。根据德国1995年度的职业培训报告，在老联邦州有616个跨企业职业培训中心，提供了78456个培训岗位。然而，由于公共经费的使用问题，直到当前，跨企业培训中心项目仍然是德国职业培训政策中一个备受争议的问题。因为跨企业培训中心虽然是由公共财政提供经费的，但它们却不受公共行政部门的管理，而是由经济组织来运作的，如行业协会、行会、区域手工业联盟等。并且，这些跨企业培训中心只是完成了部分补充初级入门培训的任务，他们越来越关注提供手工艺师傅培训课程和向独立经营的手工艺人提供继续培训，工会认为这些公共经费沦为了中产阶级的津贴，而职业学校则认为这些机构对他们构成了激烈的竞争，他们称跨企业培训中心正在成为一种“私立职业学校系统”。这些变化和争论表明，德国双元制中三个学习场所之间的平衡正在成为需要解决的新问题。

（三）引入基础职业培训年

为了使双元制培养出来的职业技术人才能灵活地适应不断变化的经济和职业技能要求，1970年，德国教育委员会建议在其“结构性的教育计划”中引进“基础职业培训年”。事实上，《职业教育法》第29条早已经为把基础职业培训年纳入到双元制中建立了法律基础，规定了基础职业培训年的培训应该作为双元制中的职业培训课程而获得相应学分。1978年，各州教育与文化事务部部长联席会议又达成了基础职业培训年的框架协议。基础职业培训年的任务是传授普遍的在跨职业领域的以及具有某职业领域宽度的专业理论和专业实践的学习内容，使其成为职业基础教育。

在实践中，从1972年开始就有一些州实施了基础职业培训年。在1973—1974学年，基础职业培训年已经拥有了12500个学生，这一数字在1983—1984年增加到了103500人。这种学校举办的基础职业培训年是全日制的，它取代了第一年的企业培训。工会对这种基础职业培训年表示支持，但雇主却从一开始就反对基础职业培训年。他们批评基础职业培训年太过于理论化，于是又建立一种“合作形式”的基础职业培训年，来抵制学校里开展的基础职业培训年。在校企合作形式的基础职业培训年中，学生有培训合同，在企业里接受实践职业培训，在学校里学习与职业相关的理论和普通学科。在学校的学习为每周两天或两天半。1994年，有34.9万名学生接受了全日制形式的基础职业培训年的学习，有63200名学生参加了合作形式的基础职业培训年。

(四)将双元制纳入正规教育系统

从20世纪50年代初开始，西欧的教育开始扩张。从那时起，升入“高等”教育的青年人数不断增长。1950年到1970年间，联邦德国进入大学的青年比例也从6.2%激增到了15.4%。在“教育是公民权”的民主主义战略下，双元制受到了广泛批评。公众认为，德国教育系统对“普通”和“职业”教育的传统区分代表了明显的“社会阶级层级化”(social class stratification)。巴贝尔的“普通教育是统治阶级的职业教育，而职业培训是被统治阶级的普通教育”成了名言。而当时的双元制是一个“教育死胡同”，它不能获得与其他中等学校等值的资格证书，更不能升入高等教育机构。20世纪70年代末，这种情况开始改变了。从1979年起，所有州的非全日制职业学校毕业的学生也可以获得中等教育阶段的毕业证书，并且柏林、巴登－符腾堡州以及北莱茵－威斯特法伦州承认，如果符合一定的条件，职业学校证书，也包括最终的职业考试是与中等学校毕业证书等值的。这代表了德国双元制开始被整合到正规教育系统中了。

另外，随着经济技术的发展，德国对既有浓厚理论功底又有熟练实践技能的高层次人才需求不断增加。同时，人们对高等教育的社会需求也在不断增加。职业教育出现了高移的现象，在高等专科学校规模扩充的同时，还出现了一种以双元制为特色的职业学院。这使得如今，德国的双元制已不再是中等教育的专属，它已经成为高等职业教育的一个新宠。

第三节 德国现代学徒制的特点

一、以职业性为首要原则

德国学徒制是受“Beruf”(天职) 概念所指导的，正是因为有这样一个基础与核心才使得德国学徒制在培训体系上与其他国家不同，这种比较特别体现在一些非德语系的国家。一般来说，“Beruf”的具体含义、指代、核心都是相同的，在中文中它被译为“职业”，而在英文中则被译为“Occupation”。而实际上，不管在中文还是英文中都很难找到一个准确的词语来与德语的“Beruf”相对应。

“Beruf”这个词最初出现的时候，是带着较为浓重的宗教性质和伦理内涵的，它表达的主要意思就是“神化”事物，所指的是这项承担某种位置和生活与社会角色的天职是神委派给人类的，它是崇高的，是不能被允许抛弃的。但是随着时间的流逝，社会背景的改变，现在的“Beruf”的含义已经尽量避免了这种宗教色彩的渲染，但是在伦理内涵方面还是存在着不能规避的意义。同时要注意的是“Beruf”不能仅被简单地理解为一般意义上的“职业”，除了谋生手段以外，它也包含了某种专业培训和身份地位的意义。这也使得其自带一种自我规范的作用，它更是使得德国劳动力与培训市场从“自由”市场转换成了一种“自我规范的市场”。但是实质上无论是德国历史中的学徒制还是现如今的双元制，本质上也都是以职业性原则为首要原则的。而这个原则具体所指的有以下几点。

(一) 学徒制培养的是职业所需技能，非企业所需技能

在学徒培养初始就要明确学习目的，要宏观化，要明确职业技能的位置。由于在德国的传统观念与实践中，学徒制是必须关注于“广泛的基础职业知识以及完成一项职业活动所需要的知识和技术技能”。这点尤其体现在

当代双元制中，学徒在企业中的培训必须遵循相应的职业培训条例，但是这些职业培训条例是经过联邦政府、州政府、行业协会以及工会的严苛与烦琐的程序后，一同协商确定的，后来更是引进了“基础职业培训年”，它的假设是“广泛的初级职业资格基础可以使劳动者在不同工作场所及公司甚至部门之间的灵活性和活动性最大化”。这其实也等同于保证了学徒在双元制中的利益，确保了双元制的职业培训和学徒个人职业生涯发展的功能，从而使得学徒不容易沦为企业的廉价劳动力。总之，在双元制中，职业的概念总是被置于工作概念之上的，不要随意地将“职业”与“工作”同化，要清楚二者之间的区别。

(二) 学徒制培养的是职业所需技能，非零碎的或片面的技能

与别国相似，在德国，作为一个有资格被称作“职业人”的对象，对他的基本要求就是能够有足够的能力完全地胜任某个职业。但是这样的人才也并不容易培养，想要培养出这样的“职业人”，那么师傅所传授的就应该是这个职业所需要的系统的、整体的、全面的能力，而非部分的、片面的、零碎的技能。其实这也意味着，作为职业初级入门培训，因为要对青年进行“整个职业”的培训，学徒制在原则上其实是非模块化的。也正是因为这样，德国双元制是否应该“模块化”这个问题，一直以来都备受争议。虽然有部分支持者认为它是有利于帮助培训个性化以及培训场所的灵活性，尤其是有利于那些学习能力较弱的学生循序渐进地学习，而反对者则认为它会破坏双元制的“职业性”原则，使得培养出来的个体的职业能力不完整。

(三) 企业本位是学徒制的核心

在德国人看来，要掌握一项职业的具体技能，就必须经过企业的历练，如果仅仅是单纯的学校内“照本宣科”的职业教育会被认为脱离实际、偏重理论、与日常生活脱节。所以总体上来说，如果有才华和毅力的年轻人想要学习到真正的职业能力，也只有通过企业实践来获取。另外需要注意的是，企业的实践中不仅包括了学习过程，同时也关注了青年社会化的重要过程，要知道这种社会化是学校环境不可能给予的。所以学徒最好还是要通过企业

实践来达到理解与学习除了工作技能以外的职业素质的目标，从而能够更好更快地成为成熟干练的职业人。

(四)学徒制是与特定职业资格联系在一起的

如前所述，一般“职业”这个词语在德文中所指的就是具有专业培训和某种身份地位内涵的。这也意味着，要获得这样一份“职业”，是要经过专门培训的，并且只有符合了相应从业资格的人，才能有资格去从事这一职业。而学徒制就是这种培训和职业资格体系，从行会学徒制开始，便只有完成了学徒制的人才能获得从业资格。现如今的双元制也依旧将这个传统保留了下来。双元制结束时，学徒如果能够通过最终考试，就可以获得全行业认可的从业资格。德国企业界对这种从业资格是非常看重的，他们坚持认为只有参加了双元制的人，才具备资格去进行这种从业资格的考试。为此，当联邦政府想要改革，让全日制职业学校的毕业生也能直接参加这种考试时，受到了企业界的强烈反对。

二、建立在利益均衡的合作机制上

双元制是按“新社团主义”的规范所组织的，一般来说这种规范都是建立在雇主联盟、工会、学校之上的共同行动，政府也赋予了这些组织管理集体利益的义务，它也成了政府管理与市场管理之间微妙妥协的代表。在双元制中，政府、工会、行业协会以及学校都扮演着不同的角色，并且它们之间也可以通过协商的方式来对双元制的实施达成一致的意见，从而形成对双元制的各种规范。这些组织也较为全面地代表了双元制的所有利益相关者，除了政府(包括联邦政府和州政府两级)和学校以外，雇主的利益大多是由行业协会所代表的，学徒的利益则是由工会代表的。在双元制的许多组织和管理机构以及规范订立过程中，都可以看到这种利益均衡的合作机制。比如，对双元制的运作起到指导和协调作用的联邦职业教育研究所领导委员会是由 11 名雇主代表、11 名工会代表、5 名联邦政府代表以及 5 名州政府代表组成的。各行业协会组织的、对州政府就职业教育相关事宜提供咨询建议的职业培训委员会则是由 6 名雇主代表、6 名雇员代表以及 6 名职业学校教师组成的。这种委员会由数量相等的雇主和工会代表以及至少一名职业学校教师组成。正是因为职业培训条例是德国双元制具体培训实施的核心规范文件，才使得它的制定和颁布过程充分体现了这种利益均衡的合作机制。另外，学徒津贴也是通过雇主与工会的集体商议来确定的。如果从德国学徒制的历史上看，学徒制的每一次发展也是经过了各方之间力量的博弈才进一步达成一致的。比如职业学校的课程性质、对跨企业培训中心的公共拨款、基础职业教育培训年的引入、是否要征收企业培训税等。

三、高度的企业参与

无论是在德国学徒制的历史中，还是在当前德国的双元制中，德国企业界一直都保持着参与职业教育的热情态度和行动，这也被人们解读为德国双元制成功的重要因素之一。

(一) 德国企业高度参与学徒制的表现

在当代德国，“双元制”这一术语很容易引起人们的误解，可能会认为企业与学校在双元制中的职责是平衡的，但是实际上，在双元制中，企业和学校的双元性是不平衡的，与其说是一分为二的，不如说是二元的，所以把“双元”说成是这一系统的根本机制更是错误的，因为职业学校的作用并不是根本性的，而是补充性的。在双元制中起主要的甚至可以说是根本性作用的实际上还是企业，德国的企业在双元制中的高度参与具体表现为：

1. 为企业主导职业教育的各项安排

职业培训条例和各州的教学计划分别是由指导企业培训和指导职业学校教学的核心文件，它们对双元制职业教育的内容、标准以及时间都尽可能地做出了详尽的规范。企业对双元制职业教育各项安排的主导作用就表现在这两个核心文件的制订过程中，一般职业培训条例是核心中的核心，职业学校的教学计划的制订也是围绕着它所进行的，而在职业培训条例的制订过程中，企业也的确担当着主导的地位。

2. 以企业为主要的培训场所

虽然双元制既包含了企业培训，也包含了职业学校学习，但这二者的分工其实并不是平均的，在这其中企业培训是作为主体所存在的，这一般表现在时间上，企业培训与职业学校学习之间的比例为7∶2。而在学习内容上，企业培训则负责传授实践技能，职业学校则教授辅助性的专业理论与普通文化知识。

3. 企业本位培训成本由企业承担

与其他国家相比，德国企业对学徒制的高度参与，最为突出地表现为企业对职业教育成本的直接承担。在德国，企业以自愿原则来提供双元制培训，同时也要负责全部企业本位培训的费用，这其中包括学徒津贴、实训教师工资、设备材料、教学资料等。虽然最近这些年以来，由于一些特殊情况，企业也可以得到一定的政府补贴，但是相比其他国家大量的政府津贴投入或者征收培训税的政策，德国双元制经费制度上的这种企业担当是非常特别的。

(二)德国企业高度参与学徒制的原因

探究德国企业对职业教育的这种高度参与的原因，很容易让人想到德国的文化因素。这也确实是大家共同认知下的内容，由于德国向来崇尚技艺同时也兼顾着职业教育的文化，并且长期以来一直坚持以企业为主导的学徒制培训的传统，这也使得企业对投入双元制有着高度的责任认同感。但是，单单用这种文化因素来解释其实是不全面的，德国企业也与其他国家企业对职业教育投入态度和行动上存在着巨大的差异，当然也不能忽视在制度方面的原因，最终还是要依靠于这种制度原因来体现雇主在用双元制进行投资回报率的计算上。

1. 较低的学徒津贴

德国的优势就在于其清晰地区分了学徒和雇员的合同身份，这样也使对学徒制和雇员的区别对待显得合法化起来，学徒所获得的是津贴而不是工资，因此学徒的收入相对来说还是比较低的，可以第二年的学徒为例，在丹麦、爱尔兰和奥地利等国，学徒的工资一般为正式员工的50%左右，而德国仅是其中之一，但是的确有赖于较低的学徒津贴使企业对培训投入的成本得到了有效的控制。

2. 长期回报的考虑

虽然企业培训的成本总体上还是大过短期的以及直接的培训收益，但是德国企业提供双元制培训还有长期的回报考虑，这主要包括减少招聘不合适雇员的可能，更好地去树立本企业良好的社会形象以获得政治利益等问题的考虑。

3. 对投资风险的控制

投资风险主要存在于企业培养出来的合格学徒可能会被其他企业雇用，也就是“偷猎外部性”。针对于此，德国的大企业和小企业也分别采用了不同的风险控制手段。

对于大企业而言，企业自身的品牌效应、工资待遇以及员工的潜在发展机会，对于学徒来说都是具有很强的吸引力的，因此大企业并不担心培养出来的优秀学徒会被“偷猎”，这一点也可以从大企业提供双元制培训的高比例看出。对于小企业来说，被“偷猎”的风险是很大的，而且原本双元制的培训成本就较高，所以这些小企业就要将学徒转移到跨企业培训中心来开展学徒培训，而跨企业培训中心的运营主要是由公共财政提供拨款的。因此，一般会通过将培训成本转移和使其最小化的方式，小企业也借此控制了投资风险。

四、提供有力支持的三轨教育体系

与大多其他经济发达的国家相比，德国参加学徒制的人数众多，这并不单纯是由学徒制系统本身或文化价值观所引起的，虽然它们起到的重要作用是不容忽视的，但是却在很大程度上由普通教育“系统”所引起的德国的普通教育系统遵从保守的政策的习惯，同时也保持着传统的三轨教育结构，也就是主体中学、实科中学、文法学校。这种三轨制的教育结构包含着强烈的社会分轨过程，而欧洲其他国家在最近三四十年都是将不同的教育轨道合并或者缩小不同轨道之间的差距。

这种强制性的分流其实也给德国双元制带来了两大好处：首先，它在一定程度上保证了双元制可以获得较好的生源。职业教育与普通教育原本就是不同类型的教育，但这绝不意味着职业教育是一种不需要学习基础的教育。

良好的普通文化基础和学习力，使学徒在职业教育中更容易有优秀的表现，同时，这也使得企业愿意投入双元制，正是因为这些学徒学得快，学得好，才帮助节省了他们的培训成本，不仅培训成本有所降低，就连劳动产出的直接回报也随之增长，同时还成了企业未来的人力资源。其次，良好的学徒表现以及企业对学徒的满意度，也间接地帮助其提高了德国职业教育的地位，使得德国双元制在一定程度上摘掉了“次等教育”的帽子。而在许多国家中，职业教育往往被认为是被淘汰者的无奈选择，甚至是被当作失败者的“垃圾场”。这样，由德国三轨制的教育体系所产生的良好的双元制生源也使德国双元制的发展呈现出良性循环态势。但还要注意的是，在这种局势之下还是有很多反对的声音出现。越来越多的人认为，德国的教育系统在儿童10岁时就将他们分流到三个不同的教育轨道中，这对于儿童甚或对于整个德国来说，其实都不是一件好事，因为这种分流的状况不仅代表了课程的区别或者成绩的区别，其中更是包含了严重的社会分流，这也是德国未来必须要面对和解决的棘手问题。

五、有利的历史文化传统

虽然德国双元制长期以来都得到了世界的推崇，但是它的文化特殊性却被认为是其他国家移植这一体系的障碍，这种文化传统的特殊性主要表现在：

(一) 重视职业教育的文化传统

德国人对职业教育的重视与其对技艺的崇尚以及对职业的“天职观”都是密不可分的，因为在德国的宗教文化中，职业是上帝指派给每个人的“天职”，每个人都有责任将其尽力做好。德国的很多街边小巷至今依旧保留着众多的职业雕塑，可以说无论是古老的泥瓦匠、面包师、鞋匠，还是近代的邮递员、修鞋匠，一定程度上来说都是受人尊重的职业。在现代工业中，德国也以机器制造的精密、优质为世人所称道，所以在德国这样的社会背景之下有一技之长的人自然是受到尊重的，甚至可以说他们的地位其实并不比拥有高等普通教育学历的人低。另外，由于德国的自然资源有限，人才本就是德国最为重要的资源之一，因此德国政府向来都非常重视职业教育，把它作为国家发展的重要战略。在德国甚至有一句谚语“不教会青年人手艺就等于让他们去偷”，由此可以看出德国对于技术很重视。

（二）雇主参与学徒制的历史传统

德国雇主真正开始参与甚至主导学徒制的传统可以追溯到中世纪的行会学徒制。如前所述，当时的德国行会与其他的欧洲国家相比，更为彻底地实施了“强制会籍制”。这也使得行会在德国的地位比在其他西方国家都更为坚固，在大工业时代来临之时，行会制度在其他国家纷纷瓦解，然而，在德国，虽然几经沉浮，行会仍然保留了它对学徒培训的影响力，并使“职业培训是经济界的自主责任”的原则得到了确认，以至于这种影响力也一直延续到了后来的行业协会。德国企业一向习惯于通过主动参与学徒制的组织、管理和实施，来满足自己的用人需求。另外，这也成了德国企业特有的文化特征，这种文化传统因素也可以被归纳为由德国学徒制历史发展产生的“路径依赖”效应。

第四章　英国现代学徒制

第一节 英国现代学徒制的内涵

一、英国现代学徒制的成效

经过20余年的发展，英国现代学徒制取得了显著成效，同时也帮助英国的职业教育由落后的状态转化为如今在国际职业教育界备受推崇的成功典范，不得不承认，英国现如今的经济与技术之所以能够有这么高的位置还是要得益于此的。

（一）学徒规模不断扩大，参与人数逐年提升

现代学徒制在一定程度上推动了英国经济的发展，用少量的资金去栽培人才，再从人才身上去获取更大的利益和价值。据商业创新和技能部（Department for Business Innovation and Skills，BIS）的估算，政府对3级学徒每投入1英镑可收获28英镑的收益，向2级学徒投放同比例的资金也能创造26英镑的收益。正是因为学徒制的巨大收益潜力，英国政府也针对此采取了诸多的措施，希望能够更大比例获取利益，学徒的数量也确实在这个趋势和众人的希望中不断增加，不仅有为就业做准备的青年人，同时也有为职业提升技能的成年就业者。根据数据显示，在2002—2003年新增学徒数为16.8万，2005—2009年连续五年，这一数字分别递增至17.5万、18.4万、22.5万、24万和28万，2010—2011年更是超过40万。2014—2015年，新增学徒的数量已经达到50万，远远超过了十年前的18.9万。如图4-1所示，卡梅伦政府对发展现代学徒制是用尽心血，投入极大耐心以及高度的重视。政府也承诺会在2020年之前在上届政府创造的230万个学徒岗位的基础上，再创造300万个学徒岗位，并且还保证会重视培训质量，不会仅贪图数量而忽视学徒培训的质量，政府之所以会如此重视，也是希望英国的年轻人都能拥有光明的未来。

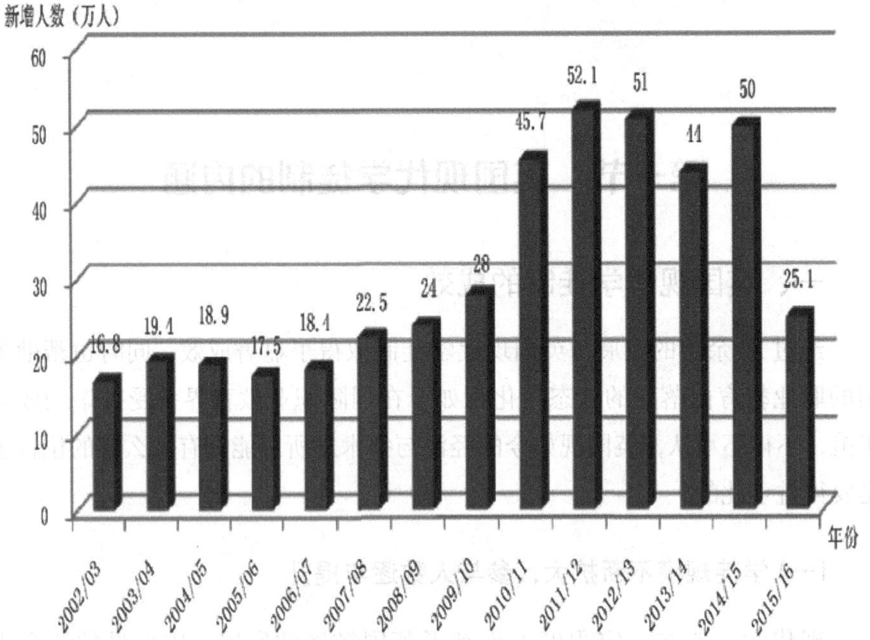

图 4-1　英国各年度学徒增加人数（万人）

注：2015—16年的数据仅限于2015年8月至2016年1月。资料来源：Apprenticeships geography，equality & diversity and sector subject area: starts 2002/03 to 2015/16 reported to date［EB/OL］.https: //www.gov.uk/government/statistical-data-sets/fe-data-library-apprenticeships.2016-06-12.

（二）建立健全法律法规，保障现代学徒制的实施

英国在学徒制方面的成熟，还表现在其法律法规的全面，正是以此为基础才为现代学徒制的持续健康发展奠定了坚实的基础。2008年1月，英国政府公布了《世界一流学徒制：解放天赋，发展所有人的技能》（*World-class Apprenticeships: Unlocking Talent，Building Skills for All*）的报告，在报告中也明确地指出"通过立法来明确学徒制的法律地位，来帮助其消除模糊性"。2008年3月，英国儿童、学校和家庭部（Department for Children，Schools and Families，DCSF）与创新、大学和技能部（Department for Innovation，Universities and Skills，DIUS）联合向议会递交《提高期望：促进教育系统运作》（*Raising Expectations: Enabling the System to Deliver*）白皮书，指导青年和成人技能教育的实施，其中要求给每一位16~19岁的青年都提供学徒制培训的机会，各地政府都要建立相应的扶持机制，并为缺乏技能或失业的成年人开展技能培训。随后，于2008年7月，两部门在协同合作之下共同发布了《学徒制草案》，这就等同于是以立法的形式为现代学徒制奠定了法律基础，规范了学徒制培训，保障了现代学徒制的地位。之后于2009年11月由议会正式颁布《学徒制、技能、儿童与学习法案》，这项法案标志着现代学徒制的发展和管理真正地被纳入法律轨道。2015年9月，英国商业创新和技能部发布《企业法案》（*Enterprise Bill*）将学徒制纳入保护条款，不允许提供质量低下的学徒制培训，其目的就是为了改善英国政府与企业的关系，以保证更多的就业机会。

（三）形成现代学徒制的培训框架，制定相应培训标准

现代学徒制培训框架对学习内容和标准做出了基本规范。各级学徒制的培训框架尽管内容有所差异，但是大体上都包含三个要素：分别是能力本位要素、知识本位要素以及可迁移的关键技能。

能力本位要素，其形式是国家职业资格（National Vocational Qualifications，NVQ）；知识本位要素，其形式是技术证书；可迁移的关键技能，其形式是关键技能资格。在这三个要素中最为核心的就是能力本位要素，其他两个要素都是围绕这一核心要素设计的。

不过为了更好地将各种不同类型的学徒制定出有对应性的相应的标准，只要能够加强管理和规范也是不难应付的。2011年，英国商业创新和技能部、英国教育部（The Department for Education，DFE）、国家学徒制服务中心以及技能资助局（Skills Funding Agency，SFA）共同制定了《英格兰学徒制培训规格标准》（Specification of Apprenticeship Standards for England，SASE），对各级学徒制培训提出最低标准，提出了每个级别学徒制在英语、数学和信息通信技术，学徒权益责任，学习和思维能力方面的具体要求，具有法定效力，各行业的培训必须对照执行。该标准自2011年发布之后，又于2013年3月、2015年2月进行两次修订，对高等学徒制（Higher Apprenticeship）、功

能性技能（Functional Skills）、中等教育普通证书考试（General Certificate of Secondary Education，GCSE）等方面做出修订。2015年3月23日，英国技能资助局发布了新学徒的标准清单，用于雇主和培训机构招募和培训学徒。这个清单汇总了2014年、2015年间不同时期颁布的各行业学徒标准，涵盖了金融、机械、医学、法律、管理、食品等各领域的54种职业，明确了学徒的具体工作角色和所需的技能。

（四）学徒制与国家职业资格证书对应，给予学徒未来多项选择

针对16岁以上（包括16岁）的年轻人，英国现代学徒制又可以由低到高，更细致地划分为中级学徒制（intermediate level apprenticeship）、高级学徒制（advanced level apprenticeship）和高等学徒制（higher apprenticeship）。这三级学徒制与国家职业资格有着紧密联系，国家职业资格是英国颁发职业资格证书的一种考核制度，以国家职业资格标准（National Occupational Standards，NOS）为导向，以不同工作所要求的基本能力为基础，以实际表现为考核依据。国家职业资格也为此针对不同职业制定出了相应的行业标准，并覆盖了英国90%以上的职业岗位，是劳动者求职、任职的资格凭证，更是用人单位招聘、录用劳动者的主要依据。

同时学徒制与国家职业资格之间更是有着紧密的联系，一方面，学徒获得的资格认证可得到全国雇主的认可，学徒的就业机会也凭此大大增加；另一方面，学徒取得的各项资格证书与普通教育证书之间其实是互通的，这其实也就保证了学徒能够继续选择高等教育，提高了其参加学徒制的积极性。

二、英国现代学徒制的优势

英国推行现代学徒制20多年，到如今也算是基本改变了传统上职业教育被忽视的情况，实现了职业教育的跨越发展。将这些经验进行总结就会发现英国现代学徒制的优势主要体现在以下几方面。

（一）纵向比较：相较于传统学徒制的“现代性”

原本学徒制就是作为一种在生产过程中主要以口传身授为技能传授方式的形式，其更是手工业生产条件下职业教育的一种主要形态，如果追溯它的发展史完全可以从13世纪前后开始讲起。学徒制作为早期职业教育雏形，原本就是以技能教育为中心，通过行业中技术成熟、经验丰富的师傅手把手地将技术传授给徒弟，真正地实现产教结合以及对技艺的传承和持续发展。也正是因为这样才使得它与传统学徒制有所不同，其中英国现代学徒制的“现代性”主要体现在以下三方面。

1. 功能目的现代性

传统学徒制的功能目的原本就偏重于生产性，更是维系、扩张家庭生产的主要方式，更可以帮助行会控制生产以及工厂压榨廉价劳动力，虽然学徒的学习成效并未被置于最核心的地位；而现代学徒制的功能目的也更加强调于教育性。在综合了经济考虑之后，主要是以高效培养技能型人才为目的，学徒也不再被视为业主或企业的私有物，而是国家公共的人力资源，英国政府也以通过发展现代学徒制，为经济发展源源不断输送人才为主要目的。

2. 实施管理现代性

传统学徒制是行会制度的产物，所以无论是它的具体实施、教学指导，还是其师徒关系、监督管理，都多多少少地受到行会控制，国家对学徒制的干预反而较弱；但现代学徒制却实现了国家层面的统一规范和管理。如今的英国现代学徒制的重要性和无限的潜力在被发现后得到了国家的高度重视，不仅从政府层面大力推广，同时也专门为其制定了多部针对学徒制的法律，更是不断地完善法律体系，成立专门机构，提高管理的实效性。

3. 教学方式现代性

传统学徒制的教学主要靠师傅对学徒的技艺传授，所以学徒一般都是身兼两职：一方面是师傅的学生，一方面是师傅的帮工。而且这种工作与学习的划分也不是很清晰，一般都要在学习的同时去完成生产任务，教学也并没有规范的模式和程序，随意性较大。但是英国现代学徒制则融合了师徒传授与正规职业教育的形式，学徒的身份也就是学院或培训机构的学生和企业的学徒，不同于以往散漫无计划的教学，而是有着严格规范的教学程序和内容，在课程教学和企业培训方面，英国不仅实行全国统一的现代学徒制课程框架，还对行业的培训标准做出严格规定，以保证学徒培养的质量。

（二）横向比较：相较于其他先进职业教育模式的“系统性”

与学科本位的学校职业教育模式、日本企业职业教育模式、澳大利亚TAFE学院办学模式等目前世界范围内先进的职业教育模式相比，英国现代学徒制的“系统性”优势主要表现在以下几个方面。

1. 主体参与系统性

与其他职业教育模式相比，英国现代学徒制涉及众多参与方，这其中包括政府、行业、企业、雇主、培训机构、学徒和家长等，这些参与主体，彼此之间相互协调，从而形成了一个完整的利益相关者系统。在这其中培训机构和雇主也承担了学徒的培养任务，要求学徒及监护人与企业之间订立合同，明确各方权益以及学徒在岗培养的具体岗位、教学内容等，同时也使得各参与主体之间可以相互监督。

2. 运作模式系统性

英国现代学徒制的运作模式可以简单概括为“合作培养，工学一体”，合作培养即培训机构与雇主合作开展学徒培训，学院或培训机构则主要负责理论教学，雇主承担学徒实践技能培训，其中雇主占据主导地位，根据行业、企业所需来培养高质量对口人才；工学一体则是指学习、工作一体化，培养过程、从业过程一体化，学徒、学生身份一体化，理论教学、技能传授一体化，学生可以根据个人需求来选择课程，然后在指定的企业里面边学习、边工作，既获得职业资格等级证书又可获得一定的报酬。

3. 人才培养系统性

英国现代学徒制在人才培养方面也突破了传统单一的学术、技能要求，同时也实现了对学生理论知识、实践技能、情感、态度、价值观等多方面的培养，将学习与就业在学生进入社会之前就紧密地结合在一起，除了使学生掌握知识和技能外，更为关键的是培养学生形成正确的职业观念和就业态度。相对于学校职业教育忽视实践、理论教学与实践脱节，企业职业教育模式轻视理论、学生发展后劲不足的种种问题，英国现代学徒制有效地规避了这些缺陷，在学习者掌握理论知识的同时也能充分提高其实践技能，积累工作经验，养成良好的职业态度，实现高质量技能型人才的培养，也因此受到英国上下的一致认可。

三、英国现代学徒制的挑战与应对

尽管英国现代学徒制具有很大优势，在过去的发展中也确实取得了显著的成效，但不得不承认的是其在推行过程中也的确面临着各种挑战。为了应对这些挑战，近年来英国政府采取了一系列措施强力推进改革进程，促进现代学徒制发展。

(一) 英国现代学徒制面临的挑战

1. 学徒人数增多，培训质量下降

尽管英国的学徒人数不断增长，但令人担忧的是学徒培训质量的下降，所以依旧难以满足经济发展的需求。2015 年 10 月，英国教育标准办公室发布《学徒制：为未来的成功发展技能》(*Apprenticeships: Developing Skills for Future Prosperity*) 报告，揭示了现代学徒制发展存在的问题，集中反映了培训质量的下滑。报告中提到在英国最需要学徒制培训的领域，却没有为青年提供足够的培训机会，使青年难以掌握先进的专业技能；而在学徒人数激增的客户服务、零售、管理和护理等行业，学徒制的培养重点却脱离雇主需要，课程设置并未从雇主所要求的知识和技能出发，经过培训的学徒依旧无法很好地适应工作岗位。造成这些问题的原因，一方面在于培训提供者单方面追求学徒数量，却不以学徒的技能需求为基础；另一方面则是政府在资助时，选择将学徒培训规模置于考核的首要因素，各行业雇主得到的培训补助金各异，零售业的学徒得到的补助金就最低，而工程行业的补助金却是最高，也正是因为这种不"公平"最终导致各行业发展不均衡。要知道原本现代学徒制规模的扩大在一定程度上就是以牺牲培训质量为代价的，但是如果继续下去，而不是认识问题加以改进，那么到最后势必会影响到现代学徒制的长远发展。

2. 现代学徒制参与方众多，利益不均衡使培训效率受限

英国现代学徒制涉及的相关利益者众多，各方的利益诉求也有不同，所以寻求到他们之间的平衡点成了一项艰难的任务。

首先考虑到的是雇主与学徒的关系，现有的培训模式主要是以雇主为主导，增加企业培训灵活性的同时，对学徒的兴趣和发展也不能够完全考虑与顾忌，所以学徒的利益一定程度上就被弱化了，从而影响到了学徒学习的积极性和培训效果。

其次是雇主和培训机构的关系，现在的培训机构一般都是直接承担教学任务，首先会与各地方学习技能委员会签订合同，之后再同雇主签订培训协议。在学徒和雇主关系的确立中，培训机构是起到桥梁作用的，雇主与学徒之间的培训合同也必须通过培训机构来达成。作为学徒和雇主的中介方，培训机构的出现其实也意味着培训过程中出现了另一个“利益相关者”，尽管其目的是为雇主和学徒搭建桥梁，但这却会使政府资金分配的透明性有所下降，培训制度的市场化机制也会进一步刺激这些培训机构，增加与雇主协调关系的难度。

3. 学徒参与方之间信息不对称，弱势群体获取信息能力较差

据调查报告显示，现如今年轻人最常被问及的问题就是关于参与学徒制的最大障碍，他们也大多都能意识到问题所在，大多认为是信息的掌握不佳阻碍了他们去参与学徒制的学习，也有部分认为是信息的不对称使这些青年难以找到理想的学徒岗位，这个问题在少数族裔群体中表现得更为显著。

首先，少数族裔父母对这种工作本位学习模式知之甚少，孩子很难从父母身上对学徒制有所了解并得到父母的支持。其次，社区组织中关于学徒制的普及和推广有限，并且没有考虑少数族裔语言和文化的劣势，少数族裔因为了解不够产生抵触心理，这也是学徒制无法成功吸引这些年轻人的原因之一。最后，学校也缺乏为适龄年轻人提供足够信息和指导的有效途径，作为除家庭和社区之外最大的信息来源，学校在克服学生形成的性别、种族意识和职业理念刻板印象等方面都发挥着重要作用，因此这也很大程度地影响了学生信息的获取。

4. 政府资助分配不平衡，中小型企业参与积极性不高

在竞争激烈的市场经济中，以营利为目的的企业是否决定开展现代学

徒制最直接、最核心的因素是经济利益，毕竟几年的学徒培训费用摆在那里，特别是对一些中小型企业来说更是一笔不小的开支。也正是因为考虑到这方面，英国政府采取了很多激励措施，来使企业参与现代学徒制的成本与收益能够大体相当，这其中最为突出的就是进行经费资助。不过，英国是根据学徒制培训的最终结果提供相应培训补助的，政府也采用了实用主义的资助刺激手段，来实行定量配给制度，强调培训的数量与规模，也就是说企业规模的大小很大程度上影响了其提供培训的能力。也因这样，这种不合适的分配机制显然无法让中小型企业雇主（Small & Medium-sized Enterprises, SME）满意，因此这类企业雇主的参与热情自然也随之大打折扣。

（二）应对挑战采取的举措

1. 淡化规模效应，采用多种方式强力促进培训质量的提升

针对培训质量参差不齐的问题，英国政府也一直都积极地寻求有效的解决途径。2013 年 10 月，英国首相卡梅伦就在牛津大学宣布了现代学徒制的新一轮改革，其目的就是为了提高学徒制培训质量。英国也将逐批启动“开拓者项目”（ttrailblazers project），对一些领先的企业部门和关键职业针对性地开发新的学徒制标准，也就是说学徒必须在雇主严格独立的评估下去展示他们的能力；与此同时，英国也更专注于培养高技能学徒，来满足日益增长的高技术行业的就业需求。根据国家学徒制服务中心，6 级学徒相当于学士学位，7 级学徒相当于硕士学位，那么自然这些高技能学徒相当于全国公认资格的 4 级甚至是更高。于政府方面，首先要加大对现代学徒制的资助。2014 年，英国政府投资 4000 万英镑支持 20000 多名高等学徒培训，来满足用人单位需求的同时保证学徒培养的质量；学徒税也在 2017 年 4 月以雇主工资单 0.5% 的比率推出；同时也预测到了 2019 年至 2020 年，英国政府用于学徒制的支出将会是 2010 年至 2011 年的两倍，其中包括新设的学徒税收入。当然英国政府对学院等各类培训机构的投入也将有显著增加，预计会达到 9 亿英镑。其次，为了加强监管力度，尤其是针对培训存在的不足之处及时地进行监督纠正，同时还要对那些表现不佳的学校或培训提供者建立最低的业绩考核标准，如果无法实现，那么就会立即采取干预行动（intervention action)。最后，重视评价考核，以确保质量评估系统能够适用于目前雇主导向的现代学徒制，在进行培训质量评测时，也要注意方法的灵活性和信息的透明度，进行多角度、全方位的考察。

2. 协调雇主学徒关系，鼓励学徒了解并参与学徒制

在现代学徒制的众多参与方中，雇主和学徒可以说是最关键的主体。为了兼顾学徒和雇主的利益，政府鼓励学徒和雇主之间要充分交流，试图通过直接交流，来帮助年轻人对雇主有更全面的了解，同时也在无意中有了更多展示自己的机会。英国一些地区也已经出现了类似的巡回招聘活动（Milk round），当地的学生可以直接从雇主那里了解现代学徒制的培训情况，这有助于最大限度提供学徒与雇主相处的机会。同时，政府注重现代学徒制在雇主中的推广，方便去促进雇主进一步了解现代学徒制，并真正领会参与的益处。此外，政府也要大力推动全面公开现代学徒制的相关数据和信息，确保信息需求方可以便捷获取，力求家长、老师、学校、社区多方面支持并引导青年人全面认识和理解现代学徒制，使更多适龄青年参与其中。

3. 增强现代学徒制宣传推广力度，保证信息透明公开

在推广宣传方面，英国政府已经采取了多项措施来帮助推广现代学徒制。比如英国政府于2009年建立学徒制官网，为供需双方搭建网上互动平台，也针对雇主、学徒、培训机构等不同群体广泛提供现代学徒制信息。除此之外，从2008年算起，目前英国已连续9年开展“国家学徒制周”（national apprenticeship week）活动，并且也通过举办研讨会、年会等多种形式的活动向雇主和学生宣传现代学徒制。最新的“国家学徒制周”活动于2016年3月14～18日成功举办，宣传力度不断增强，期间组织了一系列讲座和活动，参加的企业共承诺招募30084名学徒，比2015年增加了7000多名。政府还致力于建立更多教育技能培训机构，为所有学徒和家长提供就业指导，以确保学徒可以获得雇主所需的就业技能，为将来工作做好准备。

4. 改革资助标准和方式，加强对利益各方的支持

原有的资助标准和方式有一些不足需要去改进和完善，资助数额也不能单纯地从企业培训规模角度出发，而是要和学徒达标通过率联系起来。政府可以通过国家保险、税收抵免或建立专门的教育培训基金（education and training foundation）等多种方式来对现代学徒制提供资金支持，也可使更多

薄弱行业的雇主能够提供高水准培训。首先，只针对那些达到规定标准的雇主及学徒本人进行资助，来帮助提高政府资助资金的利用效率。其次，考虑到中小雇主承担的较大风险，政府对中小企业雇主的资助也相应地要更加慷慨，所以也确实是为小型雇主建立简单便捷的资金资助系统，简化薄弱企业的资助流程。最后，更加重视对16～17岁青年的资助，对学徒本人来说，这个年龄段主要是学习阶段，而不是从事生产，正因这样学徒其实并不是一个富有成效的工作，相对来说他们的工资相对微薄，所以也就需要更多的精神上的支持和鼓励。

第二节　英国现代学徒制的模式

一、英国现代学徒制的背景因素

（一）英国的经济与社会背景

英国位于欧洲西部，约占地242514平方千米，人口约为6563.72万，由大不列颠岛以及爱尔兰岛的一系列岛屿组成，包括英格兰、苏格兰、北爱尔兰和威尔士四个地区。它是一个采用议会制的君主立宪制国家，其中工党、保守党和自由民主党是英国的三大政党。如果按GDP计算的话，英国可以说是世界第五大经济体，因为其采用的是自由市场经济体制，并且坚持经济中心化、私有财产化和自由市场竞争，反对政府对经济的任何干预。在产业结构中，服务业是打头阵的，其他的尤其像银行业、金融业、保险业、航运业和商业服务业等占的GDP比重最大，并且处于世界领先地位。除此之外，尽管当前英国仍然是欧洲最大的军火、石油产品、电视、电脑和手机的制造地，但实际上还是不得不承认它的工业的重要性在不断地下降。

（二）英国的文化背景

英国一直都是个崇尚自由的国家，因此自由主义在英国是个影响极为广泛的思想体系，它包括经济自由、心灵自由和个性自由。同时，古典人文主义思想在英国根深蒂固。正是在这种思想的影响之下，科学被分为了两个层次：一方面是技艺的，是为下层生产劳动者所运用的；另一方面则是高雅的，是为绅士阶层所把玩的。与之对应的，英国的教育也具有鲜明的等级性。他们崇尚培养绅士的“文雅教育”，对培养生产劳动者的职业教育嗤之以鼻，也因为他们的这种认知，使得职业教育甚至被当作下等教育和低下职业的代名词。另外，经验主义传统也是英国文化的重要特色。他们对经验极为尊崇，也因为这样，不管什么事比起形而上学的理论思辨，他们更倾向于实际的效果。在英国工业革命中就可以看出这点，当时的许多伟大发明像飞梭、珍妮纺纱机等其实都不能被认为是科学发现的结果，而更是工匠在生产实践中点滴积累经验、不断改进的结果。在职业教育中，英国人也表现得更依赖于学徒制这样的经验式学习，而不重视系统理论的教学。

(三) 英国的教育体系

英国的教育系统较为复杂，在类别上可以分为私立和公立两大部分，层次上则由初等教育、中等教育以及高等教育或继续教育这三个连续发展的阶段组成，其中16岁以前为义务教育阶段，私立教育则一向秉持着精英教育的传统，不针对性地提供职业教育。所以职业教育主要集中在公立的中等教育与继续教育阶段实施。

学生在结束初等教育后一般会参加11岁考试，同时也会依据考试成绩分别进入文法中学、综合中学、现代中学、技术中学和城市技术学院。其中文法中学所提供的是为升学做准备的学术性课程，而综合中学、现代中学、技术中学以及城市技术学院则是在不同程度上提供职业教育课程。但是从数量上看，综合中学则更被认为是英国中等教育的主体，同时也是承担中等职业教育的主要机构。一般在结束中等教育后，学生可以进入第六学级、第六级学院或第三级学院，当然也有部分学生可以直接进入继续教育学院，在这之后学生还可以进入高等教育学院或大学接受高等职业教育。

不过，需要注意的是，在英国历史上，职业教育的传统是企业本位的。以至于在很长的时间里，英国的职业教育其实主要依靠的是学徒制，并且也确实在一定程度上取得了成功。虽然英国的现代学徒制也发展出多种类型、多种层次提供职业教育的学校教育，但工作本位的职业教育依旧是英国职业教育政策的重要着力点，在这之中仍然是以学徒制为典型。同时，逐渐发展起来的英国强大的并且有根基的、基于结果而非过程的职业资格制度及资格框架，也的确对英国职业教育体系将这种工作本位的职业教育纳入其中提供了很大的支持。

另外，在教育行政管理方面，英国实施的是偏向分权的中央与地方合作制，也就是中央与地方政府以分权的形式共同合作管理教育事务，来形成相互制约的权力运行机制。英国在中央政府设立教育部门，基层则设立地方教育当局。中央教育部门则拥有制定国家教育政策、颁布教育法令、监督地方贯彻执行的权力，可以对全国教育进行宏观调控。地方教育当局则享有直接设置学校、管理学校、选用教科书、聘用教师等的管理实权。

二、英国现代学徒制的开展情况

(一) 学徒制体系的基本结构

英国的学徒制体系是与英国的国家职业资格（NVQ）制度紧密结合的。因此，在介绍英国现代学徒制的结构之前，还是有必要先了解一下英国的国家职业资格体系。英国的国家职业资格于1988年开发，其目的就是为了规范工作中所需的技能、知识和理解力，以促进终身学习，以及促进在工作现场进行的能力本位考核。这个框架共分为五级水平，其中各级的能力标准及相应职务见表4-1。每一个领域又包括数量不等的专业或职业方向，有赖于这一系统对由雇主主导、强调能力结果的原则的坚持，才受到行业的广泛认可。

表4-1　英国国家职业资格（NVQ）的五个等级

等级	获得该等级证书者需具有的能力标准	相应职务
5级	有能力从事一份高级的职业，能在广泛的范围内、难以预测的条件下应用大量基本原理和技术，负有极大的个人自主权，经常对他人的工作和重要资源分配负有重大任务，并具有个人独立分析、决断、设计、规划、实施和考评工作结果的能力	高级工程师，工程师，高级管理人员

续表

等级	获得该等级证书者需具有的能力标准	相应职务
4级	有能力在较广的范围内、各种不同的条件下从事一系列复杂的、技术性的或专业性的工作活动，并能为自己、他人和资源的分配负有较大的责任。具有在广泛领域从事技术复杂、专业性强、条件多变的工作活动的能力。负有相当的责任和自主权，经常需要对他人的工作进行监督和指导	工程师，高级技术员，高级技工，中级管理人员
3级	有能力在不同条件下从事一系列复杂的、非日常性的、需要为自己和他人负有责任的活动。具有在广泛领域从事各种复杂多样的、非常规的工作活动的能力。负有相当的责任和自主权，经常需要对他人的工作进行监督和指导	技术员，技工，初级管理人员
2级	有能力从事活动，包括一些非日常性的并需负有个人责任的活动。具有在较大范围和变化条件下从事一些复杂的、非常规的工作活动的能力。负有一定的责任和自主权，并能与工作中其他的成员进行合作	熟练工
1级	有能力从事日常工作活动，具有在一定范围内从事常规的、可预测的工作活动的能力	半熟练工

英国国家职业资格是整个英国职业教育的核心，当代的学徒制体系也是紧紧结合这一体系开展的。经过多次改革和调整后，当前英国学徒制的结构分为五层，它们与英国国家职业资格之间存在一定的对应关系。

1. 青年学徒制

青年学徒制的目的就是为14～16岁的、一周可以有两天在工作场所学习行业知识的能力强、兴趣高的学生提供“高质量”的学习机会。

2. 前学徒制

前学徒制目前主要指的是“就业入口（Entry to Employment，简称E2E）”项目，其中所指的对象是那些还未能为开始进行学徒制做好准备的年轻人，一般将其定位于NVQ1级水平。

3. 学徒制

学徒制则是替代原来的基础现代学徒制，定位于NVQ2级水平，包括NVQ、关键能力和技能证书。16岁以上而不在非全日制教育机构学习的人都有权参加。

4. 高级学徒制

高级学徒制则是替代原来的高级现代学徒制，将其定位于 NVQ3 级水平，包括 NVQ、关键能力和技能证书。在开始该项目前，申请者应获得五个普通中等教育证书（GCSE）C 等或以上成绩或者完成了学徒制才能具备资格。

5. 高等学徒制

高等学徒制是一项将学徒制与高等教育联系起来的试点项目，将其定位于 NVQ4 级水平，可以获得基础学位。目前只有少数职业领域的试点，像是信息与计算机技术、工程技术等。一般进入高等学徒制的要求比之前三个都更要严格，申请者应完成高级学徒制或相关的高级水平证书（A-levels）或是与水平相当的技术。

不过，英国正式的学徒制主要还是指代学徒制（2 级）、高级学徒制（3 级）和高等学徒制（4 级）这三种层次的学徒制。因为青年学徒制项目和前学徒制项目只是正式学徒制前的准备项目，属于“准学徒制”性质。参加者的身份也多是学校的学生，虽然英国政府也为这些学徒的培训和评估提供经费，但雇主并不需要给学徒支付工资。

（二）学徒制的培训领域

当前英国的学徒制涵盖十大领域：农业、园艺及动物养护；艺术、媒体与出版；商业、行政管理与法案；建筑、规划与环境；教育与培训；工程与制造技术；保健、公共服务与护理；信息与通信技术；休闲、旅游与观光；零售与商业。

每个大领域下又包含若干子领域，十大领域总计包括 108 个子领域，见表 4-2，每个子领域中又包含若干职业岗位。但是，学徒制是按子领域进行划分类型的，然后再根据子领域中所包含的职业及其对应的国家职业资格层次，划分学徒制的层次。最终，学徒制项目是以某一子领域中的某种层次的项目的形式出现的。比如，“工程”是“工程与制造技术”这一大领域下的子领域，这个领域共包含 69 个职业岗位。其中一些要求获得 NVQ3 级证书，包括了设备维修工程师、钟表匠在内的 14 个职业，这 14 个具体职业就共同构成了一个高级学徒制也就是 3 级项目；其他 55 个职业，如 CNC 操作工、

CAD 操作工，就共同构成了一个学徒制（2 级）项目。子领域中的学徒制是否分级、分几级，是根据子领域中所包括的职业岗位的能力要求决定的。比如“教育与培训”领域下的“学习与发展”子领域只包括培训师、HR 专员等 4 个职业岗位，这些岗位的能力要求都在 NVQ3 级，因此这一子领域就只提供高级学徒制级（3 级）一个项目，目前英国提供的学徒制项目总数为 190 种，在未来还会开发更多学徒制项目。

表 4–2 英国学徒制的职业领域及子领域数

职业领域	子领域数（个）
1. 农业、园艺及动物养护	12
2. 艺术、媒体与出版	4
3. 商业、行政管理与法案	11
4. 建筑、规划与环境	8
5. 教育与培训	2
6. 工程与制造技术	35
7. 保健、公共服务与护理	14
8. 信息与通信技术	3
9. 休闲、旅游与观光	5
10. 零售与商业	14
总计	108

资料来源：黎娜 . 英国、澳大利亚职业资格考评实践及其对我国的启示 [D]. 上海：华东师范大学，2005：7.

（三）学徒制的参与情况

英国学徒制的参加人数从 1995—1996 年的约 26000 人增加到了 2007—2008 年的约 200000 人。但英国参加学徒制的人大部分都不是直接从学校毕业的学生，而是已经就业的人。据学习与技能委员会（Learning and Skills

Council，简称 LSC）估计，2006—2007 年中有 77%的学徒都是已就业者。在 16～18 岁青年中，选择学徒制的比例仍然非常小，仅占 6.3%左右。另外，英国每年成功通过学徒制的学徒人数从 2001—2002 年的 39000 人左右上升到 2006—2007 年的 112000 人，完成率相应地从 23%增长至 63%，虽然有较大提升，但这一数据总体上仍不够乐观。而企业对学徒制的参与情况则更加不令人满意，目前仅有 10%的企业提供了学徒制，其中在私有经济部分，最乐观的估计也仅为 130000 个企业雇用了学徒。

三、英国现代学徒制的法规框架

英国现代学徒制的法规框架是相对较为单薄的，自 1814 年《工匠学徒法》废止后，便再没有出台专门针对学徒制的法案。1964 年的《产业培训法》是当前英国开展包括学徒制在内的各种企业培训的主要法律依据。1973 年的《就业与训练法》以及 2000 年的《学习与技能法》也有相关内容涉及。另外，在法律上，英国的学徒身份是企业雇员，因此，在有关学徒与雇主的劳资关系上，英国企业要遵守英国相应的劳动法规，如《就业法》(1988 年)、《工会和劳动关系 (统一) 法》(1992 年)、《社会保障缴款额和津贴法》(1992 年) 等。教育机构开展职业教育，则主要依据 1988 年的《教育法》、1992 年的《继续教育和高等教育法》和 2008 年的《教育与技能法案》等。总之，英国学徒制的开展，其实并没有全面、单独的综合法案作为依据，而是根据散落在各种教育、经济和劳动法案中的条款开展的。1993 年“现代学徒制”以来的一系列学徒制改革，都是以“项目”形式开展的，英国政府没有赋予这一系列改革明确的“法律框架”。

四、英国现代学徒制的组织管理

(一) 组织与管理体系

英国现代学徒制的组织与管理体系可以分为四个层面：创新、大学与技能部及儿童、学校与家庭部总体负责学徒制改革，学习与技能委员会、行业技能开发署与行业技能委员会以及资格与课程署分工负责各学徒制项目的开发与管理，由各个学习与技能地方委员会及各颁证机构在地方层面具体管理学徒制的实施与教学，最终是由培训机构与雇主共同承担。各个机构职责如下：

1. 创新、大学与技能部及儿童、学校与家庭部

英国创新、大学与技能部（Department for Innovation, Universities and Skills，简称 DLUS）及儿童、学校与家庭部（Department for Children, Schools and Families，简称 DCSF）共同对英国学徒制改革的政策和进度负有总体开发和评估的责任。

2. 学习与技能委员会

英国学习与技能委员会（Learning and Skills Council，简称 LSC）是受英国创新、大学与技能部及儿童、学校与家庭部联合管理的非部委公共机构，它包括国家办公室、国家合同服务机构和47个学习与技能地方委员会。学习与技能委员会负责制定学徒制的政策和执行方针：向青年和雇主宣传学徒制；并通过47个学习与技能地方委员会对学徒制进行拨款和管理。

3. 行业技能开发署及行业技能委员会

行业技能委员会（Sector Skills Councils，简称 SSC）是一种雇主主导的组织，在全英共有25个，覆盖英国的各个行业，由国家提供经费，受到行业技能开发署（Skills Sector Development Agency，简称 SSDA）的监管。它们在英国学徒制中负责开发国家职业标准（National Occupational Standards，简称 NOS）；起草和批准职业的学徒制框架并设计技术证书。

4. 资格与课程署

资格与课程署（Qualification and Curriculum Authority，简称 QCA）是下属于儿童、学校与家庭部的非部委公共机构。在学徒制中，它负责资助职业标准的开发审批 NVQ 证书、技术证书和关键技能证书的颁证机构；确定关键技能要求的内容。

5. 颁证机构

英国的颁证机构各种各样，总体上以行业性的为主，也有一些综合性的颁证机构。比如爱德思国家职业学历与学术考试委员会（Edexcel）、伦敦城市行业协会（City & Guilds）等都是负有盛名的颁证机构。只要是受资格与课程署批准的机构就可以对学徒制框架中要求的各种要素进行认证。

6. 培训机构

培训机构指的是包括继续教育学院在内的各公立或私立培训提供机构，这些机构首先要在学习与技能委员会注册，并获得批准，它们的职责是招募提供学徒制的雇主和参加学徒制的青年，提供学习帮助和评估。

7. 雇主

在学徒制中，雇主的职责是招募学徒，提供在岗培训和督导，并支付工资。

(二) 经费机制

英国学徒制的成本主要包括两大类：培训费用和学徒工资。它的成本分担机制如下：

(1) 学徒不支付任何费用，而是雇主支付其工资。英国目前的规定是，受雇的学徒工资不能低于每周 95 英镑，不过据调查，学徒平均的周薪为 170 英镑，最高的是电子技术行业，每周 210 英镑。

(2) 学习与技术委员会支付比例不等的培训费用。支付标准是学徒年龄，它为 16～18 岁的学徒支付全部培训费用，为 18～24 岁的学徒支付 50%的培训费，其余剩下的 50%则是由雇主承担，对 25 岁以上的成人原则上不提供培训经费，但可以通过特殊项目申请补助。还要注意的是，学习与技术委员会只为完成学徒制框架的必须培训提供经费，而对于其他额外增加的培训则需要培训机构或雇主自己承担经费。

学习与技术委员会的经费拨款机制比较复杂。首先，学习与技术委员会将经费划拨到各个学习与技术地方委员会；各个学习与技术地方委员会管辖范围内的培训机构再通过竞标来分配这些经费；然后培训机构与其合作开发学徒制的雇主再根据合作协议，对这些经费进行分配。因此，在这种拨款机制中，雇主是无法直接得到拨款的，他必须通过与培训机构的合作，才能从培训机构那里获得培训经费。不过，对于少数大企业，学习与技能委员会也会直接与它们订立合同，这些大企业就可以直接得到培训学徒的拨款。另外要说明的是，学习与技术委员会并不是一次性将经费全部划拨到位的，而是先划 3/4，另外的 1/4 会在学徒完成学徒制时才二次划拨到位。

另外，虽然1964年《产业培训法》中确立了企业培训的征税拨款机制，也就是行业可向本行业的企业征收企业培训税，用于补助那些实际提供了培训的企业。但是这项规定并不是强制性的，而是由行业自行决定是否执行，因此它在许多行业都没有得到很好的执行，到20世纪90年代就只剩下建筑行业还在按此方法执行了。

五、英国现代学徒制的教育实施

(一) 学徒制框架

在英国，每个学徒制项目都有一个学徒制框架（framework），它是由行业技术委员会与企业根据国家职业标准联合开发确定的。它是对学徒制学习内容和标准的基本规范，也是意味着雇主和培训提供者必须提供框架里的所有要素，才能得到政府的学徒制拨款；同时也意味着所有学徒都必须满足框架里的所有要求，才算完整完成了学徒制。各行业的各个学徒制项目的基本框架具体内容虽然各不相同，但是基本上所有框架都包括了三大组成，具体情况可参见表4–3。

(1) 能力本位要素：它的主要形式是NVQ。它是学徒制项目框架的核心，学徒制的级别实际上就是由NVQ的级别决定的，能力要素的内容可以由行业技能委员会、行业机构及雇主来决定。评估方法则由行业技能委员会与资格与课程署合作决定，可以根据需要适当加入一些知识本位要素。

(2) 知识本位要素：它的形式是技术证书。技术证书可以确保学徒具备必需的理论基础知识。知识要素通常通过用行业技能委员会和行业机构决定并需经资格与课程署同意的方式，单独评估。知识要素既可以单独认证，也可以作为能力要素的一部分进行认证。如表4–3中会计学徒制是以能力要素组成部分的形式评估的；而印刷及印刷制品包装学徒制是单独认证知识要素的。

(3) 可迁移的或“关键”技能：它的形式是关键技能资格。包括五类交流：数字应用、信息通信技术、与他人合作、学习与业绩的自我提高以及问题解决。其中学徒制（2级）必须至少达到数字应用关键技能1级和交流关键技能2级；高级学徒制（3级）则必须至少达到数字应用关键技能2级和交流关键技能2级。

表 4–3　英国学徒制项目及其框架举例

<table>
<tr><th>领域</th><th>学徒制项目</th><th colspan="2">学徒制框架</th></tr>
<tr><td rowspan="7">会计</td><td rowspan="3">学徒制（2 级）</td><td>能力本位要素</td><td>NVQ2 级</td></tr>
<tr><td>知识本位要素</td><td>包含在英国会计技术人员协会（AAT）、伦敦城市行业协会（City & Guilds）或爱德思（Edexcel）颁发的会计 NVQ2 级中：
AAT 会计 NVQ2 级 100/2940/0;
City & Guilds 会计 NVQ2 级 100/3615/5;
Edexcel 会计 NVQ2 级 100/3657/8</td></tr>
<tr><td>可迁移技能</td><td>数字应用 1 级;
交流 2 级或者功能性技能;
数学 1 级;
英语 2 级</td></tr>
<tr><td rowspan="3">高级学徒制（3 级）</td><td>能力本位要素</td><td>NVQ3 级会计</td></tr>
<tr><td>知识本位要素</td><td>包含在英国会计技术人员协会（AAT）、伦敦城市行业协会（City & Guilds）或爱德思（Edexcel）颁发的会计 NVQ3 级中：
AAT 会计 NVQ3 级 100/2941/2;
City & Guilds 会计 NVQ3 级 100/3616/7;
Edexcel 会计 NVQ3 级 100/3658/1</td></tr>
<tr><td>可迁移技能</td><td>数字应用 2 级;
交流 2 级或者功能性技能;
数学 2 级;
英语 2 级</td></tr>
<tr><td>高级学徒制（4 级）</td><td>能力本位要素</td><td>NVQ4 级会计</td></tr>
</table>

续表

领域	学徒制项目	学徒制框架	
会计	高级学徒制（4级）	知识本位要素	包含在美国会计技术人员协会（AAT）颁发的会计NVQ4级中： AAT会计NVQ3级100/2942/4
		可迁移技能	数字应用2级； 交流2级或者功能性技能； 数学2级； 英语2级
印刷及印制品包装	学徒制（2级）	能力本位要素	以下之一： NVQ2级信封制造； NVQ2级机器印刷； NVQ2级机械化印后装订； NVQ2级数字印刷生产； NVQ3级印刷行政管理
		知识本位要素	因数与图像传播证书2级
		可迁移技能	数字应用1级； 交流1级； 问题解决1级。
	高级学徒制（3级）	能力本位要素	以下之一： NVQ3级卡通制作； NVQ3级信封制作； NVQ3级手工装订； NVQ3级机器装订； NVQ3级机械化印后装订； NVQ3级数字印刷生产
		知识本位要素	印刷与图像传播证书3级； IT用户高级文凭3级
		可迁移技能	数字应用2级； 交流2级； 问题解决2级

资源来源：整理自英国学徒制官方网站 http: //www.apprenticeships.org.uk/.

(二) 企业与培训机构的教学合作

由于可以得到政府拨款的利益驱动，企业与培训机构的合作通常是由培训机构来寻找合作的企业。也有企业主动寻找合作的培训机构，但这种情况比较少。一般来说培训机构都会向企业派出一名代表，也可以将其称为学徒导师，依靠他们来帮助企业开发和开展学徒制。他们的职责是：

(1) 帮助企业确定哪些学徒制适合企业开展；

(2) 解释在企业中可以如何开展学徒制培训以及是否可以获得政府拨款；

(3) 对企业与学徒的培训计划进行认可；

(4) 招聘学徒；

(5) 管理培训和评估；

(6) 确保培训符合国家质量标准，并开展整合统一的培训。

确定了学徒制岗位后，企业或培训机构便可对外发布招聘广告。因为申请是全年开放的，所以申请者可以随时进行申请。但获得学徒制岗位与正式求职一样，往往是需要面试的，甚至要参加考试。企业里的培训由雇主负责，学徒跟随有经验的员工学习特殊岗位技能，雇主通常还会安排一个经理在学徒的学习全过程提供帮助。此外，学徒还要在培训机构接受普通文化知识和基本理论培训，可以采取日式或期式的方式开展，但是大部分情况还是以日式为主，但必须保证学徒平均每周不少于16小时的企业带薪工作，而培训机构为每个学徒指定的导师也会全程跟踪学徒的学习进展，并随时解决学徒提出的各种问题。不过，对于培训机构教师以及企业培训师，都未见英国有特别的资质要求。

学徒制的完成时间并不固定，它是根据学徒是否达到学徒制框架中规定的能力要求，也就是是否能够取得相应的认证来确定的。当学徒取得学徒制框架里规定的所有资格认证时，他就完成了该学徒制项目。因此，英国学徒制的完成时间实际上取决于学徒个人的能力以及雇主的要求两方面，不过通常为1～4年。

(三) 考试与资格制度

英国的学徒制本身并没有专门的学徒制资格或证书，但通过学徒制，学徒可以获得学徒制框架里所规定的各类认证，包括三类国家职业资格、技术证书和关键技能资格。这些证书的取得并不完全依赖于正规的书面考试，许多颁证机构都采用的是能力本位的考试方式，也就是让考试就在工作场所进行，包括在工作场所观察学习者在自然工作状态下的工作表现；在工作场所内对学习者的工作表现有重点有选择地加以考察；以及在模拟的工作情境中对学习者进行能力测试、技能测试、熟练度测试和指定作业等。在进行评定时，一般结合多种方法进行多次评定。因为英国的认证机构认为，只有多重、多次的评定才能提供最可信的工作能力证明，才能判定一个人能否在各种变化着的工作环境中完成任务。另外，对先前学习的认可（Accreditation of Prior Learning，简称 APL），也被广泛地运用到了资格认定中，这样学习者就可以避免重复的培训和考评。

六、英国学徒制的评估研究

英国现代学徒制是由五个模块的资质所组成的框架体系，这五个模块是：威尔士关键技能（Essential Skills Wales，ESW），英国国家职业标准（National Vocational Qualification，NVQ），雇员权利与义务（Employee Rights and Responsibilities，ERR），个人学习与思考技能（Personal Learning and Thinking Skills，PLTS）及英国商业与技术教育委员会课程（Business & Technology Education Council，BTEC）。其中，用于培训和考核特定行业和职位所需职业能力的核心模块是 NVQ，即英国国家职业标准。

英国现代学徒制体系由 8 个层级组成，分别是等级 1 至等级 8（Level 1，Level 2，…，Level 8）。每一个层级的英国国家职业标准（NVQ）都被分解体现在若干个单元中，每个单元蕴含了很多条职业标准，这些职业标准既可能是知识性的，也可能是技能性或能力性的。在本次试点项目中，我们采用的是三级物流运作管理（Logistics Operations Management，Level 3）的职业标准，该标准被分解为 16 个单元，根据中英国家职业标准的比对，选取了其中的 8 个单元。

这 8 个单元分别是 3 个必修单元：Unit 1（Make an Effective Contribution to a Business in the Logistics Sector）、Unit 2（Health，Safety & Security at Work）、Unit 3（Optimize the use of Logistics Resources）；针对 3 个职业发展方向（Warehouse Keeper, Dispatch, Customer Service）的5个选修单元；Unit 8（Supervise Receipt, Storage or Dispatch of Goods）、Unit 9（Minimize the Environmental Impact of Logistics Operations）、Unit 13（Contribute to the Provision of Customer Service in Logistics Operations ）、Unit 15（Respond to Problems in Logistics Operations）、Unit 16（Apply Technology in Logistics Operations）。

（一）评估活动

在英国现代学徒制模式中，评估师需要获取学徒工作情况的证明材料，判断所指导的学徒的工作表现和收集的证明材料符合评估标准的要求；培训机构会指定内审员，对评估师所收集的证明材料进行审核，确保评估师使用正确的评估方式对学徒进行评估，所收集的证明材料能充分体现学徒的培训情况，质量与评估标准保持一致；颁证机构会指定外审员，对培训评估和内审质量进行进一步审核，保证评估记录和评估过程都是正确、合理、公平、有效和可信的。评估师的具体工作责任包括：计划和管理评估过程；开展评估活动，比如定期在一段时间内现场观察学徒工作情况，组织学徒教学活动，与学徒进行专业讨论，提供给学徒建议和反馈等；收集学徒各类工作证明材料，确保证明材料的相关性、有效性、真实性和完整性；判断学徒的能力是否达到国家职业标准；指引和激励学徒成功完成学徒制培训；保管整理评估相关资料，如学徒的个人作品集（证明材料）、评估计划、反馈记录、进度回顾等。

评估师要根据学徒工作岗位的特点确定评估实施过程中所采用的最合适的评估方法种类。评估师还需要与学徒一起确认每次现场评估的到访时间。除此之外，通过评估计划，学徒也可以在评估师的帮助下了解所需要完成的课程单元的内容、各单元学习开始时间、预计完成时间；了解在何时何地需要被评估；了解需要完成哪些事项实现证明材料的收集等。在整个评估阶段，评估师需要使用各类评估方法收集学徒的证明材料。评估师对证明材料要做好判断、整理、归类工作，确保证明材料可与相关的评估标准相对应。一份好的证明材料可以证实学徒是否达到不同单元中所涉及的多条国家职业标准的要求。因此，评估师在给学徒布置作业和任务时，需要有的放矢，尽量获取能涵盖多条评估标准的证明材料。每次评估活动结束后，评估师需做出判断，确认学徒是否已达到国家职业标准的要求。如果评估师认为学徒的工作能力尚未达标，那么他需要给出建设性的反馈，或对学徒进行再培训，或在下次现场评估时进行二次考核。总之，评估师和学徒需要在接下来的评估活动中进一步收集更多更合适的证明材料来证实达标。

需要说明的是，在英国现代学徒制框架体系中，项目的不同模块的进行是有一定顺序的。一般而言，应首先进行ESW模块，然后进行NVQ模块，之后进行ERR及其他模块。在对NVQ的不同单元进行评估取证时，应首先评估单元2，再评估单元13。因为英国实践的统计表明，学徒离开项目最有可能的时间是在项目开始后的第3个月左右，学徒甚至会离开本行业而去另外一个行业，ESW模块和NVQ模块中的职业健康与安全和客户服务，这两个单元的内容在几乎所有行业都可以用到。另外，在针对国家职业标准的每个单元进行评估取证前，评估师应向学徒逐条解释本单元中的职业标准，以使学徒明白其要求。

(二) 评估方法

评估师必须采用合适的评估方法并取得合理的和强有力的证据来证明学徒确实符合相关单元中的每一条职业标准。从不同的角度划分，评估方法在理论上可以有很多种分类，如正式的和非正式的、直接的和间接的、主观性的和客观性的、质量性的和数量性的、内部的和外部的、形成性的和总结性的、整体性的和独立性的、关注过程的和关注结果的、评估师主导的和学徒主导的、知识性的和能力性的、考核教学产品的和考核教学过程的、天资倾向性的和工作实际相关性的，等等。而每一种分类又可以细分出若干种具体的评估方法或证据类型。以正式的和非正式的评估方法为例，其具体分类见表4-4。

表 4 —4　评估分类表

正式的评估方法	非正式的评估方法
作业 / 项目；案例研究；作文 / 论文；测试 / 考试；多选题；现场观察；专业讨论；目击者证词	纵横填字谜；讨论；需填空的讲义；周记 / 日记；同事和自我评价；技能活动；提问回答；口头、书面、多项选择；小测验；角色扮演

资料来源：王建勇 . 英国现代学徒制模式中的评估及证据使用 . 职业教育研究，2017.。

对于技能与能力的评估和对于知识与理解的评估所采用的评估方法也会有所不同，见表 4–5。

在评估活动中，评估师必须确保使用有效、公平、可信赖和安全的评估方法收集学徒的有效、真实、充分的证明材料，并根据职业标准对学徒做出评判。

表 4–5　评估方法表

评估技能与能力的方法	评估知识与理解的方法
实践性作业；实际案例研究；创造新产品；同伴对一项活动进行评价；在工作场所对实际工作的观察；个人或小组完成的项目；对先前学习经历的认可；自我评估；模拟；技能测试	理论性作业；理论案例研究；讨论；考试；口头和书面问题；演示；个人或小组完成的项目；智力测验和问答比赛；对先前学习的经历的认可；反思性学习日记；角色扮演；测验和多项选择题；书面陈述

资料来源：王建勇 . 英国现代学徒制模式中的评估及证据使用 . 职业教育研究，2017.

不同的评估方法适用于不同的学徒。评估方法的选用应适合学徒的水平和特点，且评估方法的使用必须考虑到学徒的个性化需求。评估师要为每位学徒开发适当的评估方法。在项目开始阶段，评估师可直接询问或运用测试的方法了解学徒的个性特征，从而拟定针对不同学徒的不同评估方法。对男性学徒通常应鼓励他们去读和写，因为相比女性而言，年轻男性往往不擅长读写；如果学徒不喜欢写字，可以安排让学徒打字来完成作业。对各单元中的各条职业标准所使用的评估方法也应该合理。要根据所需评判的职业标准的特点选择合适的评估方法。评估师在收集学徒证明材料前，首先要明确各种评估方法的适用情况和优缺点。针对所评估职业标准中的难点或技能点，评估师应采用多种评估方法收集材料，以全面掌握学徒工作能力的情况。

第三节　英国现代学徒制的特点

一、建立在准市场机制上

英国的职业教育一直都有“自愿自助”的传统，也就是说职业教育主要依靠的是企业界的自愿培训，政府则选择奉行“自由放任主义”的原则，对企业培训不加干预，这也被称为职业教育的“市场模式”。不过，不得不承认的是自由市场本身其实也是存在着内在缺陷的，虽然“市场符合公众利益，但并不等同于公众利益”。特别是在职业教育领域，“市场失灵”的现象普遍存在，主要表现在由于对“偷猎外部性”和“搭便车”的担忧，所以长此以往也难怪英国企业对培训总是持消极态度。无奈于英国企业的这种态度的同时，英国政府却不能不做点什么，所以在现代学徒制中，英国政府改变了角色，选择了一条在政府控制与市场自由运作之间的“中间道路”，也就是“准市场”机制。但是在英国现代学徒制的准市场机制中，政府不仅要宏观调控，同时更是直接参与了市场供需方的活动。这种准市场机制具体有以下几种表现。

(一) 政府与雇主联合制定学徒制标准

为了防止企业在制定学徒制标准和提供学徒制时会有私心，让其仅是为企业服务，尤其是单单为企业的短期技能需求服务，政府选择一同参与到学徒制标准的制定中，目的就是维护学徒个人职业生涯发展的需要以及国家经济和社会长期发展的需求。因此，我们也可以从现代学徒制中发现，其不仅有国家职业资格的要求，同时也将技术理论和关键技能的要求囊括其中。

(二) 政府是购买学徒制的重要出资方

在英国现代学徒制中，政府不仅为学徒的脱产培训支付经费，同时也为学徒在企业中的培训支付经费，主要表现为政府购买由企业与培训机构联合提供的学徒制服务。企业虽然支付了学徒工资，但实际上这些工资成本是可以通过学徒的生产劳动抵消的。

(三) 雇主与学徒之间的培训合同要通过第三方培训机构来达成

培训机构在英国现代学徒制的市场运作中起到了重要作用。一方面，由于雇主不能独立成为培训提供方，培训则必须由培训机构与雇主联合提供。另一方面，雇主一定要通过培训机构来获得国家的学徒制培训经费。所以，在很大程度上，培训机构掌握和把持着英国学徒制市场的“交易”。

二、雇主占主导地位

在英国“准市场”运作机制的现代学徒制体系中，参与方主要包括政府、雇主、培训机构和学习者，但并未见到能够集中代表学习者利益的工会组织，同时也是为了能够延续传统，所以在其中占主导地位的仍然是雇主。这是为了满足英国政府的希望，尽量使职业教育从供给引导向需求引导转变，雇主在英国现代学徒制中的主导地位主要表现在以下几点。

(一) 雇主对学徒制决策起重要作用

学习与技能委员会、行业技能开发署、行业技能委员会本就是英国现代学徒制的重要组织和管理机构，自然在这些机构中，雇主代表所占比例是极大的，所以他们自然对与学徒制有关的决策有重要的影响。

(二) 雇主是制定学徒制框架的核心力量

学徒制的框架本就是由行业技能委员会所起草和审批的，而且行业技能委员会的成员中相当大的一部分都是雇主代表。因此他们首先组织企业界人士开发出各项国家职业标准，然后再根据这些标准与规范再开发出学徒制框架中的国家职业资格要求，最后再匹配上相应的理论知识和关键技能要求，从而形成完整的学徒制框架，正因如此，也可以说雇主实际上对学徒制培训标准的确起了主导作用。

（三）雇主在具体的培训内容和方式上有较大自主权

虽然英国现代学徒制的框架规定了学徒培训的三大要素，也就是上文提到的能力本位要素、知识本位要素以及关键技能要素，关于这三大要素的具体资格要求也进行了规范，但却并没有就这其中具体的内容和培训方法做出有效规定。所以一般情况只要保证学徒最终能够取得这些资格认证，雇主其实是可以相当灵活地选择在何时、何地、以何种方式来提供何种内容的培训。正是因为雇主在英国现代学徒制中的这种主导地位，虽然确实帮助企业的技能需求得到充分体现，同时也增加了企业培训的灵活性，但是它也有很多不得不面对的弊端，如学徒制培训标准的短时倾向以及难以防范雇主提供低质量培训的可能。

三、学徒制体系阶梯化

与其他国家的学徒制体系相比，现如今英国现代学徒制体系所呈现出的是阶梯化的明显特点。也就是说，学徒制体系其实是分层的。现在在英国得以广泛使用的学徒制体系主要包括五个等级：青年学徒制、前学徒制、学徒制、高级学徒制和高等学徒制。在这各等级之间相互贯通，并且它的最高一级高等学徒制，甚至还可以上通高等教育基础学位，所以在认识与研究后发现这种制度设计一般可以达到三方面的效果。

（一）满足不同层次技能培训的实际需要

经济生产所需要的技能水平实际上并不是单一层次的，作为一种人才培养方式，学徒制培训不仅适用于一些中级水平的技能培训，同时也满足于一些高水平的专业培训。事实上，像医生、律师、教师此类的一些专业性极高的职业，其培养运用的其实也都是类似学徒制的培训模式，所以说英国学徒制体系的这种阶梯设计，其实也有助于学徒制的涵盖范围得到大大扩展。

(二) 在不同层次的学徒制以及学徒制与高等教育之间，建立起“直通车”

近年来，有20个左右的学徒在完成学徒制级后升入了高级学徒制级，还有一些学徒成功地升入了高等教育。虽然目前这些比例还不大，但这种阶梯化的设计毕竟为学徒的继续深造提供了可能性，更是满足了个体职业生涯发展的不同需要。

(三) 改变人们对学徒制低层次、无前途的刻板印象

传统学徒制仅仅是有针对性地培养中级技能水平的劳动者，其中大部分都是蓝领，同时也是因为参加学徒制很大程度上其实就是意味着正规学校教育的终结。但是，在英国当前的学徒制体系中，培养目标其实还包括了一些经济和社会地位都非常高的职业，像高级会计、培训师、软件开发等技术性职业都在高等学徒制中设有项目。另外，学徒不仅在学徒制体系内部可以不断升级，甚至还有升入到高等教育的机会，这无疑对于改变英国对学徒制等职业教育的轻视的态度是有好处的。

四、培训与考评基于能力结果

英国现代学徒制的完成是以是否达到能力要求为标准的，所以也并没有规定固定的学徒期长度。一般它的培训与考评强调的大多都是职业能力，而不是如理论知识一般控制的是培训结果，而非培训过程，这具体表现在以下几点。

(一) 强调职业能力标准

在学徒制框架的三大要素中，核心要素是能力本位要素，它的表现形式就是国家职业资格，其他两个要素也都是围绕这一核心要素设计的。整个学徒制体系更是与国家职业资格体系相对应，像学徒制、高级学徒制和高等学徒制分别对应的就是国家职业资格的2、3、4级，职业能力的核心地位也在这一体系中得到了充分体现。

(二) 对培训过程不加规范

英国现代学徒制其实并没有对培训过程中的各种要素进行规范，像是教学内容、教学进度、教学方式、教师资质等方面的规范其实都还是很宽松的。它只对培训的结果进行控制，也就是学徒制的完成是以学徒制框架中规定的各类证书的取得为依据的，但它却是一把双刃剑，在赋予了英国学徒制培训的灵活性的同时，其实也埋下了许多培训质量上的隐患。因为在不同地区、行业以及不同培训机构和企业的培训质量可能是参差不齐的，曾经就有调查显示过，在一些工程和电子技术的学徒制项目中，学徒虽然接受了大量的脱产培训，但这些培训的目的却是为了取得大学入学所需要的 BTEC 国家证书。而在另一些行业中，像护理和零售，学徒却几乎没有得到脱岗培训，而是被要求在全日制工作以外的时间中依靠自己学习来获得相关认证。

(三) 认证的考评是能力本位的

传统的书面考试其实并不是英国学徒制各项认证的主要考评方式，原本学徒制的大部分考评所注重的都是能力方面的问题，测试也侧重于这方面，所以经常是在工作场开展的，并且一般都是以经常性考评的材料累积来取代一次性考证。认证机构认为，这样的考评方式其实更加有助于对个体是否真正具备相应职业能力做出正确的判断。

五、体现终身学习社会的理念

为了应对技术更新加快和经济全球化的挑战，构建完善的终身学习社会，在近些年来成了英国政府的重要教育战略，政府连续发布了多个文件，像《学习的时代——一个新不列颠的复兴时代》《学会成功》《学习与技能法》《技能在商务中增强，在工作中提高》《继续教育提高技能，改善生活际遇》等。英国现代学徒制也充分体现了建设终身学习社会的这一理念，这主要表现在以下几个方面。

(一) 培训对象不仅是刚毕业的青年，更鼓励就业成人参加

英国学徒制的参加者是没有年龄上限的，而且学徒制分级，照顾了不

同层次职业技能学习者的需要。实际上，在当前英国学徒制的参加者中，有相当一部分比例的学徒是已经就业的成人。从某种程度上说，学徒制在英国已经不仅是一种初级入门职业教育，更是成年人的继续职业教育。

（二）培训与认证使用了模块策略

英国学徒制框架都要求学徒取得若干个不同的认证，而各项认证之间是相互独立的。这也意味着学徒可以通过更换企业或培训机构，来分别获取不同的认证。这种小步的、模块化的学习模式，也使学徒的学习更加灵活，从而帮助减小了由于过长的学习时间和固定的地点学习可能带来的学习阻碍。这样，学习者就可以在适合自己的时间、适合自己的地点以适合自己的方式进行学习。

（三）学徒制的认证遵循 APL 原则

对先前学习的认可也被广泛地运用于学徒制的各种资格的认定当中，它也意味着学徒所有相关的工作以及它的学习经验都可以得到认可，这进一步鼓励了学习者，也增加了学习者的学习热情，同时为学习型社会的更好构建打造了良好的制度环境。

第五章　美国现代学徒制

第一节　美国现代学徒制的内涵

17—18世纪，作为殖民地时期美国本土最为重要的教育组织形式的学徒制，首先是由欧洲殖民者移入，而后又在实践的过程中经历了从受制于殖民地的宗主国法规到受益于本土殖民地法规的转移。到了18世纪末19世纪初，随着美国的独立以及工业革命的逐渐卷入，传统的学徒制也开始逐渐地走向衰落，其功能也渐渐地被一时兴起的各种社团以及公共和私立学校所代替，所以在形式上美国学徒制出现长达一个多世纪的断裂时期。直到20世纪初期，随着学校教育弱点的暴露、进步主义教育运动的兴起以及30年代经济复苏计划的刺激，学徒制才再一次地走上轨道，重新出现在美国历史的舞台之上，同时也被赋予法律和行政的意义，并逐步形成有能力折射现代内涵的注册学徒制系统。

一、传统学徒制的输入与移植

美国的学徒制作为美国最古老的职业教育形式，是在17世纪初期由当时的欧洲殖民者所引进和传入的。1620年，当时为了逃脱英国政府的迫害，跟随着装载有多名工匠、渔民、贫苦农民和14名契约奴的五月花号船（May flower）的起航，有大批清教徒逃往北美大陆，并于当年年底登陆。也正是在这个时期，殖民地最重要的职业教育形式——学徒制也从英国引入美国。虽然为了能够有针对性地让其能更好地适应美洲大陆的当地条件，刚刚被引入的学徒制其实也是被再一次的修改和规范的。但是不可避免的它的身上终究还是有着欧洲传统学徒制的烙印。

在早期殖民地时期，学徒制的实践主要是基于1562年《英国技工法》（*English Statute of Artificers*）和1601年《英国济贫法》（*English Poor Law*）而开展的。《英国技工法》充分强调学徒制的教育性，来帮助人们将学徒制与奴役制能够更好地区分开来。当时学徒制的主要对象还是贫民、无业游民以及规模庞大家庭的孩子们，而教学内容一般则是包括行业培训、基础教育以及合理的伦理教育；而《英国济贫法》则规定贫穷家庭的孩子需要由教会的牧师来实行监管，这样的监管要一直持续到女孩年满21岁、男孩年满24岁，达到有足够的获取生存基本技能的年龄才可以停止监管。在相应法规的框架下，学徒制的完成其实是建立在牧师和学徒工之间公开签订的契约（indenture）之上，同时双方的合法行为也都受到契约的保护。一般学徒期限都是5～10年，当学徒期满时，为了考察徒工的能力，一般会由牧师在一个市民会议上进行鉴定，如果鉴定合格就有资格进入行业工作，反之，则会继续延长学徒期限。

从17世纪60年代开始，殖民地的学徒制开始渐渐地脱离宗主国法律的控制，并且得到各殖民地本土颁布的相关法规的支持。如1641年新普利茅斯殖民地（New Plymouth Colony）颁布一项学徒制法规，批准优秀的殖民者可以招收贫穷的儿童作为徒工到其家中，为这些徒工提供较好的生计来源和教育机会。一年以后也就是1642年，为了满足殖民地发展的需要，马萨诸塞湾殖民地（Massachusetts Bay Colony）通过了一项综合性的学徒制法规，也就是向儿童提供在教育与劳动方面的培训。其实康涅狄格殖民地于1650年也通过类似的法规，并且还特别地要求所有家长要一周至少一次对他们的孩子和佣人进行宗教背景和原理方面的教义工作，而不能胜任的家长就需要把自己的孩子送到能够胜任这种工作的家庭中或者是类似的学校中。1671年的新普利茅斯殖民地（New Plymouth Order）又通过一项新的规定，也就是要求所有城镇的父母和监护人都需要在一个诚实合法的职业中抚养和培育孩子们，否则将给予相对的罚款。为了能够有效地解决学徒制在纽约地区长期得不到法律保障的问题，纽约城联合委员会于1694年通过一项法律，规定学徒工不仅要实行正规注册同时至少服务四年时间的硬性义务。到了1788年纽约州又颁布了一项旨在对贫困学徒工进行基本的读写教育的法规。至此，美国各殖民地学徒制基本上已经实现了本土的法规化。

殖民地时期的学徒制系统从受制于宗主国的控制到逐渐实现本土的独立，虽然在很大程度上都是为殖民者本身的利益服务，为其经济的扩张培养大批手工艺人，但是不管怎么说，这种行为把遥居欧洲的传统学徒制传入到新的美洲大陆并也使其得到了相应地修正，让它成了北美最早的教育培训组织形式，也为贫穷儿童接受最为基本的识字教育以及获得生存的技能创造了条件，此类种种都具有广泛而深远的历史积极意义。

二、19世纪初至20世纪初的工业革命时期

由于传统学徒制不可避免的衰落以及现代学徒制的孕育随着欧洲工业革命的蔓延，美国本土于1807年也掀起工业革命的浪潮。于是传统、分散的工场手工业开始逐渐地被大规模的现代机器大工业所替代，而手工作坊式的师傅带徒弟的传统学徒制也因为期限长、规模小之类的弊端，使人们对它产生了怀疑，认为其已不能满足快速发展的机器大工业对技术工人的广泛需求。到最后曾经在殖民地时期发挥着重要作用的学徒制在大工业的背景下受到严重打击，从而日趋衰落。

对于传统学徒制的衰落，美国职业教育学者戈登（Gordon）认为有以下几个方面的具体原因：大规模的企业组织对小型劳动组织的兼并；分散的工业集中化；行业分支众多，培训成本高且收益不大；学徒制契约法规逐渐失去效应；由于学徒工的学习，众多行业过于拥挤；学徒工的薪水过于低廉；年轻的帮手学到的不是单个程序的技能，而是工艺的艺术和秘诀；免费公立基础学校的发展。

也有其他的职业教育学者有与之不同的观点，像是斯科特（Scott）等人就认为传统学徒制之所以衰落的主要原因有：足够的土地使得年轻人能够维持生活；在持续长久的学徒制期间学徒工的婚姻权利受到禁止；学徒制与协约奴仆关系的混乱；人们流动性以及自由性的增强；偏远地区人们制作手工器具的意愿；欧洲机械师和工匠的移入；家庭手工业劳动不再需要工人从头开始制作完整的产品。

随着工业革命的蔓延及其对广大工人的强烈需求，在19世纪上半叶，一批培养企业工人的公立社团机构开始逐渐兴起，在这其中包括学园（Lyceums）、机械讲习所（Mechanics institutes）、手工业劳动学校（Manual labor academies）、农业协会（Agricultural societies）以及工商学院（Commercial and business schools）。在种类如此多样的社团以及机构中的很大一部分都主张和实行教育与实践相结合的观点，之所以这样也是为学生们走向工作岗位提

前打好基础做好准备，更是代替了传统学徒制在行业技能培训方面的重要职责，使得在传统学徒制控制下的严格的实践教育系统逐渐走向终结。

而后，随着美国公共学校体系的建立，职业教育逐渐成为公共学校的一项重要职能。虽然传统学徒制渐趋走向衰落，但是它传承多年终究是有它不可否认的优点和值得后人借鉴和学习的地方，而这固有的优点正是无论如何都不能被遗弃的。各种职业教育机构的广泛建立虽然在一定程度上为企业提供了人才，但是这种教育在很大程度上还是基于书本性质的，更是不能完全地解决对特定职业技能理解的需求，企图取代学徒制的优势也没有完全地体现出来。为此，在19世纪60年代美国内战（Civil War）以后，带有学徒制性质的行业学校运动（Trade School Movement）开始兴起。最具有代表性的是于1891年成立的威廉姆森机械行业义务学校（The Williamson Free School of Mechanical Trades），它的目的就是代替传统的学徒制系统，为16～18岁的男孩提供在手工艺培训方面的基础课程的教学、通识教育和特定的行业培训，以便确保他们完成课程后能够从事某一行业的工作。除此之外还是希望他们还有旨在修正古老学徒制以满足企业特定需求的企业学校，如纽约一家公司（the firm of R. Hoe and Company）于1872年为本企业员工设计了一套免费的每周两个晚上的夜间培训课程，其中包括英语、机械绘图、算术、几何、代数等基础学科，这些学术课程将直接有利于学徒工（企业工人）对企业工作的更好理解。

具有学徒制性质的教育机构无论是学校还是企业，还是公立组织还是私立机构，一般都能在很大程度上带有自发组织的性质，且长期得不到法律的支持，与传统学徒制相比也显得缺少严格的系统性和规范性，学生的合法权益也得不到应有的保护。然而，这种学徒制性质的学术教育与职业教育相结合的企业工人培训系统却在无形地孕育着具有现代性质的学校与企业合作的学徒制形式的产生。

三、注册学徒制的产生

20世纪初期，随着学校教育体制弱点的日益暴露以及美国进步主义教育运动的兴起，美国现代意义上的学徒制即注册学徒制应运而生。注册学徒制产生的直接动因源于20世纪30年代美国经济复苏战略对人才增长的需求。1929—1933年的经济大萧条给美国经济和工业领域带来沉重的打击，为刺激美国经济的复苏，1933年6月，美国总统罗斯福（Franklin D. Roosevelt）签署了《国家工业复兴法》(The National Industrial Recovery Act, NIRA)，在该法律的框架下，各工业协会和国家复兴管理局（The National Recovery Administration）共同协作制定各种行业规范，以管理所对应的行业领域的竞争、薪酬发放、工作条件改善以及产品与服务质量。在这之中，建筑等部分行业存在一系列关于管理该行业学徒制计划的规则，这便是注册学徒制得以萌芽的早期体现。1934年，为进一步实现对相关行业学徒制计划的规范管理，在时任美国劳工部长铂金斯（Frances Perkins）的带领下成立了学徒制联邦委员（Federal Committee on Apprenticeship）。作为美国联邦政府机构的代表，铂金斯致力于关于学徒制联邦政策建议的策划工作。随后，美国国会于1937年通过了《国家学徒制法》(*The National Apprenticeship Act, also known as the Fitzgerald Act*)。在该法律的要求下，一个负责研究和起草关于学徒制计划最低标准的国家咨询委员会成立。法律还授权美国劳工部在各州的配合下对国家注册学徒制系统进行监督，禁止在学徒制中存在关于种族、宗教、年龄和性别的歧视。

在《国家学徒制法》的影响下，各州也纷纷发布各自的学徒制法规，建立相应的学徒制管理机构。截至1940年，共有11个州颁布了学徒制法规，另有13个州组建了自己的学徒制委员会。各州立学徒制事务局（State Apprenticeship Agency, SAA），具体负责注册符合联邦和本州标准的学徒制计划，发放学徒工的结业证书（Certificate of Completion），通过推广和技术援助鼓励新计划的开展，保护学徒工的安全与健康以及确保所有的计划能为学徒工提供高质量的培训。没有设立学徒制事务局的州，上述相应工作交由国家劳工部学徒制办公室（Office of Apprenticeship, OA）负责。至此，美国现代意义上的注册学徒制在法律和管理体制上都有了相应建制，受到法律意义上的保护以及政府管理机构的监管。

第二节　美国现代学徒制的模式

上一节也提及过1807年美国开始产业革命，工厂制生产代替家庭手工业作坊生产，学徒制基本消失。到了19世纪中期带有学徒制性质的学校相继兴起，为学徒制的复苏奠定了基础。20世纪30、40年代，联邦政府颁布一系列法律、法规和负责管理、监督机构的建立，美国注册学徒制已基本建成并顺利实施。注册学徒制现已成为美国培训的重要手段，也是培训熟练工人的最重要的方式之一。随着社会经济的瞬息万变，美国的注册学徒制也在面临着新的挑战。进一步改善注册学徒制是美国政府为完善职业教育做出的重要决定，注册学徒制面向全体适龄青年，满足他们需要的同时，帮助他们获得特定职业所需的技术和能力，也可以为企业和社会提供充足的劳动力。为了更好地满足社会和青年的需求，政府在不断完善注册学徒制的同时，提出要更注重加强注册学徒制的灵活性。

一、美国注册学徒制现状

注册学徒制（Registered Apprenticeship）主要是指经过注册的学徒按照既定的培训计划，在讲师和技术熟练的工人给予的指导和监督下学习理论知识和生产技能并参加生产劳动，直到达到规定要求而获得“熟练工种”的资格认证、相应岗位就业机会以及进入更高层次学校继续学习的资格。美国劳工部将注册学徒制的特点总结如下：注册学徒制是一个培训系统，致力于为特定的行业或工厂培养高技能的员工；注册学徒制将在职培训和课堂教学相结合；联邦和州政府要确保为每个行业制定清晰的学徒标准、培训课程和可衡量的学业指标。2011年美国进步中心（CAP）的《为成功而培训，美国正在发展的学徒制政策》（*Training for Success: A Policy to Expand Apprenticeships in the United States*）中提出，注册学徒制可以为学徒以及雇主提供实惠，在这之中还包括为学徒提供高额工资，也可以提高企业的生产效率。注册学徒制是驱动培训的工具，因为它将把工人培养成社会需求的员工作为最终目标，学徒制可以给员工创造获得更高工资的机会，同时也可以给纳税人提供更大的投资回报。华盛顿的一项最新研究发现，政府在学徒制每投资1美元，纳税人将获得23美元的净收益，这个收益要远远超过其他员工培训项目的收益。但这些数字仍远低于英国、瑞士、法国、德国、苏格兰等国家。截止到2012年，英国的人口总量是美国人口总量的六分之一，但参加过学徒培训的工人为其带来的人均收益却是美国的五倍以上。正是因为注册学徒制是一种被充分利用的培训方式，美国劳工部每年大约要负责375000名已注册学徒以及约100000名新注册的学徒的培训工作，而英国则要每年负责约3000000名学徒的培训工作。之所以会造成这种差距，主要原因还是因为美国仍有应用学徒制的领域限制，特别是在一些非传统作业部门，像医疗、信息技术和先进的制造业。另一个原因，就是这些行业在进行学徒培训后，却没有给员工提供统一的能够被承认的资格证书。开展注册学徒制项目就是希望能够在刺激和帮助工业发展的情况下，改善学徒制和其他培训项目以满足在经济全球化下企业对工人拥有完善技能的需求。而美国现行的学徒制采用的却是在职培训和课堂教学相结合的方式。这样，工人既可以学习到高技能职业所需的理论知识，又可以锻炼实践能力。美国进步中心（CAP）的《为成功而培训，美国正在发展的学徒制政策》中详细地指出，学徒制项目计划满足了企业对熟练工人越来越大的需求，按这个势头可以预测这个项目也会使工人获得更高的收入和更好的就业前景。

二、美国改善注册学徒制的措施

注册学徒制满足了企业对熟练工人日益增加的需求，为了更加有效地培养熟练工人，雇主需要明确学徒制本身所具有的价值。虽然美国的注册学徒制已基本达到了高质量的标准，但仍有一些雇主不明确在完成学徒制项目计划后，学徒应具备何种能力或需要具备何种潜能。之所以造成这种现象的原因还是在于对学徒制的评价标准并不明确，特别是对像建筑业之类的学徒比较集中的行业。当政府试图将学徒制的应用延伸到新的行业领域时，雇主一般都会将建立学徒制度认证看作至关重要的。也因如此，雇主更应该制定行业标准来检测工人是否已掌握行业所需的专业知识和能力。如今的美国需要新的方法来培养可以满足雇主需求的工人，建立一个健全完善的学徒制度也确实可以更好地满足行业对熟练劳动力的需求，更是帮助增强企业的竞争力。美国的很多雇主也都反映，他们在填补岗位空缺时大多存在很大的困难，那就是缺乏相应的技术工人。乔治城大学的教育中心的劳动压力分析就曾指出，预计到2020年，美国将会面临300万副学士学位或更高学位的员工的缺失和约500万拥有技术证书的员工的短缺情况。注册学徒制虽然并不能完全解决美国面临的所有人力资源方面的挑战，但它正在教育和培训系统中发挥着巨大的作用。这也为雇主和员工奠定了学徒制的价值，在《强化国家学徒制标准》中就曾提出关于完善注册学徒制措施的建议。

(一) 加强注册学徒制的可移植性

劳动部长日前强调，学徒制的结业证书要颁给完成注册学徒制的学徒。资格证书也是由国家颁发，是注册学徒制计划与国家工会的联系纽带。但事实上，注册学徒制的资格证书的使用有区域限制，在不同地区同一个行业的学徒训练计划是不同的，雇主并不能明确一个来自其他州的员工完成学徒计划后是否能够适应本企业的需求。造成这种现象的根本原因就是国家缺乏统一的注册学徒制评价标准，也使得注册学徒制不得不实行分叉管理。国家注册学徒制系统包括25个州，而每个州都有独立的学徒制管理机构，这也就是说，每个州的学徒制评价标准都不相同。在2008年之前，国会的学徒制办公室、劳动部和其他的公共利益部门有权登记行业，都一定程度上减少了美国劳工部的责任，更是分散了权限。然而，今天负责注册学徒制的部门仅是联邦学徒制办公室和联邦政府，这项改变虽然加强了注册学徒制系统部门的责任和监督功能，但即便如此，却依旧没有完全统一的国家注册学徒制标准。

(二) 将行业资格认证融入学徒制项目计划中

注册学徒制虽然提供在职培训，但却无法提供一个真正灵活的资格凭证，而行业认证证书虽然是灵活的资格凭证，但却不包含在职培训。因此，将注册学徒制和行业认证相结合将会改变员工的工作现状。自2003年起，由劳工部、国家金属技术研究所筹集的190万美元的资金都被用于来自企业或贸易协会的专家一同开发一套以行业为导向的国家技能标准和特定技能职业所需的培训课程。今天，雇主可以为16种职业的注册学徒提供NIMS

认证，其中包括机械、工具制造和数控装置程序员等。由此也可得知，学徒是必须具备一定的技能的，因为他们要通过培训的过程来获得一系列的NIMS认证，所以没有真本事是万万不可的。雇主可以通过将相关的核心能力添加到工资报表中作为制订学徒计划的辅助，完成后，一个被NIMS认证的学徒将接收到来自美国劳工部的认证。NIMS程序不是强制性的，除了获得NIMS认证之外雇主可以自由安排学徒的学习项目。特别是在执行这个项目时允许雇主制定他们自己需要的熟练技术工人的标准，工人也会获得职业培训和指导，从而得到行业认可证书。

(三) 雇主参与开发的国家指导标准

想要成功地扩大学徒制就需要雇主们相信，完成学业的学徒会拥有行业所需的能力和技能。因此，雇主必须制定一系列标准来反映行业的需求，如制造业机构技能认证系统。因为一些雇主已经能够识别工作需求的能力和评估标准，所以他们更应该将合作发展的国家学徒制标准融入工作之中。这些新的标准将确定特定职业所需的技能和知识，更是为不同行业的学徒制订出一套工作计划和课程，同时也能详细地介绍学徒应如何在工作中展现出他们的能力。他们不仅可以遵循NIMS认证的注册学徒制的条款，还要知道在一个行业中学徒制应该具备怎样的结构和价值才能保证学徒在完成学业时所获得的技能和能力是行业所需要的。虽然这个在指导标准中并不要求体现，但是他们还是会为雇主提供制订计划的蓝图，这个计划将会使得工人获得令人尊敬的、全行业认可的证书。参与行业公认的学徒计划提供了灵活的、国家承认的证书，给员工从初步的获得工作到往后的稳步提升工资的机会，更是保证他们在一个被需求的领域内开始成功的职业生涯，而不是投资于不确定是否会获得工作的昂贵教育中，学徒在获得工作的前期可以继续获取教育而没有其他负担。当他们完成学徒制后，将会获得一个证明他们拥有工作所需的必要技能的证书。行业公认的学徒制项目也有利于雇主，由于大多是通过把证书和能力结合来塑造一批熟练技术工人，所以为学徒制提供资助的企业一方面可以得到他们企业所需的技术工人，另一方面还能够提高本企业的留职率，节约资金并提高生产率。所以说雇主能够培养一系列的技术工人来满足他们当前和未来的需求，却不是让一些人靠得到的证书来申请工作。建立国家认证系统将为国家学徒制提供更良好的信誉，这种直接的行业领导将进一步促进企业主动实行注册学徒制计划。当行业认证的学徒制将由雇主和联邦政府共同提供时，他们的证书便可以跨州使用，并由雇主认可，提高各自的收益。

（四）政府支持雇主开发学徒制标准

虽然国家指导标准的发展未来将由行业领导，但是政府还是可以采取激励雇主的方式进行指导。在 NIMS 注册学徒制项目的情况下，由利益相关部门共同商定一系列技能标准和学徒制框架并提供资金。国会应该为学徒制提供资金以支持国家指导注册学徒制标准的开发。这可以通过拟定一个新的拨款计划或挪用额外的资金来保证项目的完成，这项资金与产业投资相匹配，应为非营利性行业协会召集行业的利益相关者和专家，针对一些行业中高要求的职业所需要的必要技能来编写学徒制标准，同时来反映雇主的需求。对于每个职业来说，标准都应被融合到学徒制任何相关的项目中。

三、美国注册学徒制的变化

注册学徒制是一种灵活的培训模式，它结合了在职培训和课堂教学，这种培训结构使得员工能够学习到高技能标准职业所需的技术的实践培训，也为雇主提供了一个建立专业的、有效的技能标准的方法。学徒制培训项目所需的时间和所需要的资源取决于学徒的职业，学徒的工作和学习是在本行业内具有丰富经验的人员的指导下完成的。而且，学徒通常都会被提供多元的、复合的培训项目来帮助他们成为行业所需的拥有熟练技能的员工。而注册学徒制却拥有其独特的优势，一般都表现在对雇主和学徒两方面。

（一）雇主与学徒的优势

雇主方面的优势表现在：

(1) 员工的培训计划针对其特定的岗位，培养为岗位所需的必要技能。

(2) 使导致企业浪费资金和降低其生产率的离职率和缺勤率大大降低。

(3) 完成学徒项目的毕业生代表雇主和企业所需的技能型员工。

对于学徒其优势表现在:

(1) 可以凭借自身的能力获得更高的工资。

(2) 可以培养在工作和企业中所需的通用技能。

(3) 可获得在整个州或国家都承认的认证证书。

(4) 有机会获得大学认证。

(二) 促进青年职业发展

最近，美国劳工部学徒制雇佣与培训办公室公布的《青年学徒制发展实践》(Establishing Apprenticeship Programs for Youth Workers) 中就关于促进青年的职业生涯发展方面提出了以下几点:

(1) 扩大生涯机会。

(2) 建立有意义持久的生涯。

(3) 帮助青年人在工作和生活中获得成功。

(4) 提高职业发展能力。

青年学徒制的发展实践课程包括在核心技能、工作发展技能和管理技能领域的培养。其中重点在于培养学生核心技能领域的课程，包括在关注青少年的成长与发展、对青少年进行辅导、心理学方面、促进健康发展远离酒精毒品、合作学习、解决冲突和防止暴力、行为管理、进行小组合作、多元文化培训、对辅助残疾人的护工培训、帮助青少年在法律方面的了解、关注青少年的特殊需要、行为建模、对评估测试的了解和解释、写作、激励技术、培养生活技能和社区服务技能、养成良好的行为与道德规范等方面。为了培养工作发展技能的课程包括：培养找工作和准备工作的技能；生涯预备培训；及时、准确地把握劳动力市场信息；制订生涯发展计划；协调雇佣关系和市场营销方面。注重培养管理技能的课程包括：使用电脑的基本技能；对青少年问题的管理；个案管理；数据管理；时间管理策略和团队合作技能。

第三节 美国现代学徒制的特点

20世纪50年代以来，为适应时代的需求和国家经济战略发展的需要，教育与培训体制也都有相应的调整和完善。与此同时，美国注册学徒制也在前行的道路上不断发展完善，包括理论学分的认可、受众群体的扩大、课程领域的拓展、法律法规的修缮等方面，每一次变化都为注册学徒制增添了新的内涵和血液。

第二次世界大战后，为了能够解决转业退伍军人的就业问题，注册学徒制开始被广泛使用，这也成为他们接受就业培训的一种重要途径。在为其提供转业就业培训的基础上，美国教育委员会还宣布他们在大学所接受的理论培训部分可以获得相应大学的学分，与此同时也是为了能够更好地响应社会和教育领域的发展需求，美国劳工部于1977年对原有学徒制法律在具体的操作方面加以完善。其中，一个突出的特点就是旨在使学徒制帮助到更多职业领域中的人群，以更加灵活地应对世界经济变化对人才的需求。特别是新世纪以来，随着社会经济的瞬息万变，新的职业不断涌现，从2000年开始，美国劳工部也开始加强对医疗保健、信息技术、生物技术等快速发展的行业领域的注册学徒制的发展。这也为保证美国新兴产业发展提供了人才需求。2008年10月，美国劳工部对学徒制法律相应条款又做出进一步完善，主要包括：多元培训方法的创新、资格证书的完善、远程教育教学手段的应用、课程质量和标准的提高等。法律的及时修改和完善也有助于增强学徒制的灵活性，使其尽量保持与劳动力市场变化的同步性。

时至今日，经过70多年的发展，美国注册学徒制也终于日趋成熟。在相对完善的法律机制和管理体制的支持下，内部运行机制逐步健全，该机制主要由学徒工、企业雇主、社区学院、州立学徒制事务局和一站式就业指导中心五个基本要素所组成，这些要素在美国学徒制法规和劳工部的监管下各司其职，共同协作完成了注册学徒制的课程计划。

一、学徒工学习特点

学徒工是注册学徒制组成要素中唯一一个关于“人”的要素，也是学徒制工作开展的核心主体。他们往往是拥有操作技能或其他目标职业相关技能的中学毕业生，并且在这之中有2/3的学徒工来自建筑和制造行业。根据注册协议规定，学徒工必须要完成一定学时的由企业和学校共同承担的培训与学习课程。学徒制的学习期限因岗位和行业标准的不同从1年到5年不等。在职学习与培训期间，学徒工还可以获得由企业雇主提供的部分工资收入。培训结束后，学徒工的职业能力通过学徒制管理部门的认可后方可准许结业，更是要取得州学徒制事务局或劳工部颁发的资格证书。与此同时，学徒工如果将相应专业的理论课程学分修满，还可以获得一个两年制或四年制的学位。

二、企业雇主管理特点

企业是学徒工实践学习的平台。企业雇主一般都会根据事先协商与相关规定来与学徒工签署协议，同时也需要在州立学徒制事务局或劳工部学徒制办公室取得备案。一般在与学校教育机构合作的过程中，企业参与学徒制课程计划的制订工作，并对学徒工的实践培训计划及具体实施负责，也会根据个体的专业、个性需求为其量身定制培养方案，为其分配一个相应行业领域的熟练工（journey man）作为师傅指导其操作性实践课程的实施。此外，企业雇主还为学徒工提供从培训开始到结束期间逐步增长的工资资助以及他们在社区学院发生的与理论课程学习相关的学费、杂费和教材费等开销的资助。

三、社区学院扶持

公立社区学院是为学徒工提供理论课程教学的主要教育机构。按照相应注册协议规定，根据企业雇主与学徒工的需求，社区学院提供相应行业专业领域的理论课程的教学工作，主要包括数学、图纸阅读、应用英语等基础课程以及与特定岗位相关的高级技能课程。这些理论课程的教学工作与企业培训课程会进行同步交替，学校课程一般也会安排在周末或晚上进行。而且考虑到当今职业岗位对高技能工人之需求强烈的趋势，一般在学徒制管理部门颁发给学徒工“学徒制结业证书”的基础上，社区学院还会为已经修够相应专业理论课程学分的学徒工提供申请副学士的机会。

四、州立学徒制事务局监管

州立学徒制事务局负责协调劳工部与本州注册学徒工作的开展，具体负责本州学徒制协议的注册、结业证书的发放工作，同时也组织与指导企业单位与社区学院等机构共同开发不同行业领域的学徒制课程方案，并指导实施工作。美国现有27个州以及哥伦比亚、波多黎各地区和维尔京群岛拥有州立学徒制事务局。其他没有设立该机构的州，它的相应工作则由美国劳工部学徒制办公室负责组织实施。根据美国劳工部的法律规定，学徒制协议必须要在相应的州立学徒制事务局注册备案，这个协议还包括对诸如学徒工需要学习的技能、课程的选择、熟练工与学徒工的比例以及在不同阶段薪酬水平等的详细规定，并要求各方在州立学徒制事务局的监管下按照规定执行各自的职责与义务。

五、一站式就业指导中心

地方一站式就业指导中心是附属于当地学校或社区的就业服务中心，该机构是于1998年在克林顿政府签署颁布的《劳动力投资法》的支持下而不断建立的。建立这个机构的主要目的就是为了相关单位和个人提供相应的职业培训与就业咨询等信息方面的服务工作。而美国大部分州都有若干个一站式就业指导中心，有的在大学或社区学院内部，有的则是位于当地的社区。它在学徒制工作的开展中主要起着辅助性的作用，对学徒工培训就业信息的咨询、雇主企业募集学徒工信息的提供、州立学徒制事务局事业的开展都有着重要的协助作用。也因此使它成为提供个体就业指导和单位招聘服务的信息集散地和枢纽中心。

美国注册学徒制作为现代意义上的学徒制，在沿袭传统学徒制实践培训优点的基础上，加强了与学校教育机构之间的合作，更实现了学徒工理论与技能知识的双重提高以及学位证书与资格证书的双证书制，同时还取得注册的协议，并得到法律和相应管理部门的保护和监督，使得学徒制在内部各要素之间的相互沟通与协调中得以健康发展。相对移植于欧洲的带有行会性质的学徒制，美国注册学徒制更加迎合现代资本主义经济发展对人才培养的新需求，在确保学徒制及其优越性在现代社会得以保留的同时，它的内涵和形式其实已经有了不同程度的改变。

第六章　澳大利亚现代学徒制

第一节 澳大利亚现代学徒制的内涵

一、澳大利亚学徒制开展情况

(一) 学徒制体系

澳大利亚学徒制和受训生制虽然得到了政府的大力支持，但是并没有带来预期的效果。随着经济的发展，澳大利亚需要不同类型的熟练的技能型人才来应对技术革新带来的变化，但是，许多行业相应的技能型人才都比较缺乏，暂时还都需要提高其技能的熟练程度。另外，女性参与培训的比率相对较低，因而受训生制的确立对学徒制进行了一定的补充，也确实使职业选择相对来说显得更加多样化，这就可以确保女性也具有参加高层职业培训的资格。政府虽然积极鼓励女性能够参加学徒制培训，然而却不能明显增加女性参与的人数及层次。

澳大利亚政府非常重视职业教育与培训，并进行了教育改革，建立了包括 TAFE 学院在内的职业教育体系，因此，新学徒制度正是结合就业与教育改革而产生的。澳大利亚联邦政府为了帮助青年人、学校辍学者和失业者能够重返劳动力市场，满足经济建设对人才的需求、提高就业市场的灵活性，便整合学徒制和受训生制，从而形成一个独立的国家体制，也就是新学徒制。澳大利亚新学徒制的确立不仅是对传统学徒制的继承和批判，也是为了促进国家经济发展、适应全球产业结构调整，以及解决社会失业问题所采取的应对之策，它的产生是多种力量交错推进的结果。

澳大利亚新学徒制于 1998 年正式实施，同时，将原来的传统学徒制和受训生制都纳入其下，并逐步取代了传统的学徒制度，之后改称为“澳大利亚学徒制”。从传统学徒制演变到现代学徒制，这绝不是简单的复制，而是一个循序渐进的过程，是螺旋上升的跃迁，新学徒制也的确标志着澳大利亚现代学徒制的产生。因此，澳大利亚学徒制是澳大利亚现代学徒制专项改革的名称，其包括学徒制和受训生制两种基本类型。

学徒制（apprenticeship）：通常都是在传统行业；入门级水平至少为3级或4级证书；时间通常为3～4年；如果学徒期间企业更换业主，那么新的业主必须继续学徒的培训合同；学徒制的取消需要所有相关方的同意，因此，也就更为稳定。

受训生制（traineeship）：开展范围广，以服务业为主，如商业、零售、金融服务、保育、健康、社会服务等类型；多数2级和3级证书水平，但更高层次的资格正在增多；通常为1～2年；因为如果受训期间企业更换业主，新的业主可以终止培训，任何一方都可以单方面解除培训合同，所以也就不太稳定。

通过澳大利亚学徒制，学生可以获得澳大利亚资格框架（AQF）中从2级证书到职业教育高级文凭的资格认证，可以从我国的中职和高职层次来对应比较。另外，为了促进现代学徒制在澳大利亚的发展，澳大利亚政府还在澳大利亚学徒制体系上进行了许多创新，主要表现为：

(1) 面向所有15岁以上的人开放，没有年龄上限，甚至包括在岗员工。

(2) 面向兼职就业者，开发了兼职学徒制（Part-time apprenticeship）项目。

(3) 面向11、12年级的在校生，开发了学校本位学徒制（School-based apprenticeship）项目。

虽然澳大利亚学徒制的类型非常多，但澳大利亚政府还是坚持学徒制应有的三个核心要素：雇佣关系、高质量的在岗和脱岗培训以及技能的可迁移性。

(二) 行业职业领域

澳大利亚学徒制的开展范围非常广，目前已经涵盖了500多个职业，既有传统行业的职业，也有许多新生领域的职业。参加人数较多的职业主要有商业服务、零售、旅游、运输物流、社区服务、建筑、制造业、汽车制造和销售服务、肉制品生产和资产维护。

（三）学生参与及完成情况

澳大利亚联邦政府自1998年启动了“新学徒制”之后，学徒的人数快速增加。据统计，1998年，澳大利亚的学徒新注册人数仅为64200人，到1998年，这一数字翻了一倍，已经达到126100人，到了2009年，这一数字又翻了一倍，达到269，100人。另外，据2008年数据，澳大利亚学徒和受训生占澳大利亚170万职业教育学生总数的25%，占整个劳动力人口的3.8%。

从项目类型上来看，学徒制的比例约占1/3，其余的是受训生制。事实上，近些年来，澳大利亚学徒制行业的规模也呈快速增长的趋势，这主要是由于受训生人数的增长。另外，从学习层次分布来看，大多数学徒制和受训生项目主要集中于3级证书层次，而从年龄分布上来看，25岁及以上年龄的参加者占比超过了四成。性别分布则在不同职业和行业差异较大，与行业职业从业者的性别偏好是一致的，如汽车和建筑行业以男性为主，美发和护理行政行业则是以女性为主。虽然澳大利亚学徒制的规模正在不断地扩大，但澳大利亚学徒制的完成情况仍旧不太理想，完成率甚至不足五成，但是，如果是从促进就业的角度来看，那么澳大利亚学徒制还是比较成功的；86%的学徒在完成学习后的六个月内基本上就能够就业，而职业教育学生的平均比例是76%。

（四）企业参与情况

提供学徒制的企业也在不断增长。2009年，有30.6%的企业提供了学徒制。大企业提供学徒制的比例也要明显高于中小企业，2009年，100人规模以上的企业当中有68.3%提供了学徒制，10～99人规模的企业为41.1%，1～9人的企业为25.6%。

二、制度框架

（一）法律法规

由于澳大利亚的联邦政体性质，各州和领地对于职业教育的立法还是处于高度自治。虽然在澳大利亚国家层面有《澳大利亚技能保障法》(2008)、

《职业教育与培训管理法案》(2010)，但它们更多的是程序性的法案，主要是用来确立具体法案以及机构建立的原则和流程。因此，澳大利亚学徒制在国家层面主要以项目形式而开展。

(1) 州和领地层面通过各自的法律，较为具体地规范了学徒制的开展，主要包括：

首都领地（ACT）:《培训与第三级教育法案》(2003)；

新南威尔士（NSW）:《学徒制与受训生制法案》(2001)；

北领地（NT）:《北领地就业与培训法案》(1991)；

昆士兰（QLD）:《职业教育、培训与就业法案》(2000)；

南澳大利亚（SA）:《培训与技能开发法案》(2008)；

塔斯马尼亚（TAS）:《职业教育与培训法案》(1994)；

维多利亚（VIC）:《教育与培训改革法案》(2006)；

西澳大利亚（WA）:《职业教育与培训法案》(1996)。

(2) 虽然这些法案的形式和具体规定有所不同，但与澳大利亚学徒制相关的条款一般都包括以下内容：

建立学徒制和受训生制的程序（申请程序、申请处理方法等）；

雇主的义务；

学徒的义务；

培训与就业的条件（报酬等）；

“脱岗”培训的要求；

转学、中止、取消以及完成学徒制和受训生制的规则；

行政管理要求，如学徒与受训生的注册、集团培训组织、委员会的任命；

争议处理：投诉、听证、补偿、禁止等；

产业培训官员的任命与作用；

仲裁委员会的建立；

相关的罚金与费用规定；

建立实施条例的程序。

除了与职业教育直接相关的法规之外，与就业相关的各种法规，也都或直接或间接地规范着澳大利亚学徒制的某些方面，如《公平就业法》(2009)。

(二)运行体系

澳大利亚学徒制采取了联邦和州/领地两级的管理体系，运行机制较为复杂。联邦政府负责职业教育事务的部门是教育、就业与工作场所关系部(DEEWR)，州和领地层面负责职业教育的部门是州/领地培训局(STA)。国家层面建立了由各州、领地及联邦政府负责职业教育与培训的部长所组成的职业与技术教育部长委员会(MCVTE)，其负责制定职业教育的发展战略和规划，同时，也帮助协调处理跨地区的职业教育问题。国家质量委员会(National Quality Council)是其下设的一个重要委员会，由来自于政府、行业团体、工会、雇员组织和培训机构的代表所组成，主要负责职业教育管理的具体事务，如开发澳大利亚质量培训框架并监督执行等事务。

对于澳大利亚学徒制的具体管理则由州/领地的培训局负责，它们的职责包括对学徒制和受训生制的发展进行战略规划，对培训机构进行注册管理，审批学徒培训合同，保障培训质量，提供和管理相关经费等，除了国家质量委员会以外，行业对于澳大利亚学徒制的管理主要体现在国家产业技能委员会(National Industry Skills Council)，及其11个具体的产业技能委员会的作用上，其职责是收集产业培训需要信息，开发培训包，提供培训实施建议，向职业教育行政管理部门提供政策建议。

澳大利亚学徒制中心(AAC)是澳大利亚学徒制最基层的服务机构，其是直接面向雇主和学徒/受训生提供与澳大利亚学徒制相关的一切服务，这些服务当中包括寻找合适的雇主或学徒，签订培训合同，并申请澳大利亚学徒制激励经费等。目前，全澳约有500家注册的澳大利亚学徒制中心，澳大利亚学徒制的脱岗培训由注册培训机构(RTOs)提供。如果想要开展包括学徒培训在内的各种认证课程的培训机构，首先都必须依靠澳大利亚质量培训框架(AQTF)申请成为注册培训机构。注册培训机构既可以是公立的，也可以是私营的。全澳目前约有5000家注册培训机构，其中，私立的注册培训机构约为3700家。澳大利亚职业教育采取了“用户选择”(user choice)策略，雇主和学徒可以自行选择由哪家注册培训机构来提供脱岗培训。

（三）经费机制

由于学徒制的行业自治传统以及注册培训机构性质具有多样性，所以，澳大利亚学徒制的经费机制比较复杂且不太明晰，详细信息可参见表6-1。其中，澳大利亚联邦政府和州/领地政府为澳大利亚学徒制承担了高额的经费成本。据统计，澳大利亚联邦政府每年约为澳大利亚学徒制直接提供12亿澳元经费，此外，各州和领地政府也都有追加投入。在政府的经费投入当中，澳大利亚联邦政府提供的激励经费是核心，其以“激励项目”形式进行运作，具体金额和资助重点经常会加以调整。

根据《公平就业法》规定，澳大利亚学徒制的最低工资由国家现代行业裁决制度（national modern awards）规范。目前澳大利亚共有122个行业裁决，学徒最低工资的计算方式与其所属行业职业领域、培训的资格等级、学徒的类型（在校生/成人/已就业者）、学徒的最高学历、培训的阶段等因素相关，差异较大。但总体上来说，澳大利亚学徒的工资较高。学徒的第一年工资约为联邦最低工资的47%～75%，到了第四年，工资也能够达到联邦最低工资，而实际上学徒工资往往比规定的还要高。

表6-1　澳大利亚学徒制的经费收支

主体	经费支出	经费收入
联邦政府	各类型的激励经费	
州/领地政府	补充性的激励经费；公办学校的办学投入	
注册培训机构	脱岗培训的物耗和人力成本	政府的办学拨款（公立注册培训机构）国家及州/领地的激励经费
企业	学徒工资、在岗培训的物耗和人力成本	国家及州/领地的激励经费
学徒	脱岗课程的学费、路费、工具等物耗费用	国家及州/领地的激励经费

资料来源：Commonwealth of Australia. A Shared Responsibility: Apprenticeships for the 21 Century [R]. Commonwealth of Australia, 2011: 9, 8, 9, 12.

2011年，澳大利亚职业教育研究中心发布了四个报告：

报告一是《澳大利亚学徒制与受训生制概况》(*Overview of the Australian apprenticeship and trainee ship system*)，其中包括四个独立文件，第一个文件是由布莱恩·奈特（Brian Knight）专著的澳大利亚学徒制和受训生制的历史，主要是从澳大利亚学徒制和受训生制度的起源、演变的关键步骤及其影响、不断发展的理念和理论基础几个方面概括介绍。第二个文件是由汤姆·卡梅尔（Tom Karmel）和布莱恩·奈特合著的澳大利亚学徒制和受训生制的特点。第三个文件是由休·格思里（Hugh Guthrie）专著的澳大利亚职前课程，主要是从其特点、数量、质量和成果几个方面展开分析。第四个文件是由布莱恩·奈特专著的政府财政支持，主要是澳大利亚联邦政府和州政府对于离岗正规培训的学徒制和受训生制的资助。

报告二是《学徒制与受训生制制度结构的概述》(*Overview of apprenticeship and trainee ship institutional structures*)，由休·格思里专著的职业培训和学徒制与受训生制在职业培训中所起的作用，布莱恩·奈特专著的学徒制由布莱恩·奈特、汤姆·卡梅尔和休·格思里合著的学徒制和受训生制的有效性三个文件组成。

报告三是《学徒制与受训生制与监管环境的关系》(*The apprenticeship and trainee ship system´s relationships with the regulatory environment*)，主要由约翰·斯坦威克（John Stanwick）专著的学徒制中证书的作用，达米安·奥利弗（Damian Oliver）专著的学徒制的奖励结构和罗恩（Ron Mazzachi）专著的学徒制的立法与质量保证三个文件组成。

报告四是汤姆·卡梅尔和约翰·赖斯（John Rice）合著的《学徒制与受训生制的经济学》(*The economics of apprenticeships and trainee ships*)，该报告主要是从经济的视角来分析澳大利亚学徒制的。2012年，澳大利亚职业教育研究中心发布了布莱恩·奈特编写的《澳大利亚学徒制与受训生制的演变——一部未完成的历史》(*Evolution of apprenticeships and trainee ships in Australia: an unfinished history*)，主要是按照年代顺序介绍澳大利亚学徒制与受训生制的演变历程，共分为1788年以前、1788—1945年、1945—1972年、1973—2011年四个历史时期。

其中包括各种各样的政策、社会变化和技能需求如何影响学徒制度发展到今天我们所了解的状况，因此，了解历史有助于我们更全面地理解现代学徒制的发展现状和发展趋势。

第二节　澳大利亚现代学徒制的模式

一、典型模式

一般学徒或是受训生和雇主在达成雇佣意向之后，都会到附近的澳大利亚学徒制中心来签署培训协议。澳大利亚学徒制中心会向学徒、受训生和雇主提供合同签订过程中需要的所有帮助，在这些帮助当中也包括对合同条款、脱岗培训机构及可申请的经费资助提出建议。在合同签订后的十天内，澳大利亚学徒制中心要将合同提交给所在州或领地的培训局进行核查及批准。

雇主和学徒会共同选择一家注册培训机构（大多是 TAFE 学院），然后学徒会到注册培训机构进行面试。在学徒、雇主和培训机构进行协商沟通之后，三方会一同签署培训计划，并且一同明确培训的目标、培训的能力单元以及三方的权利和义务，在这之后，学徒的培训计划才会正式开始。培训大多会在企业和培训机构之间交替进行，大部分情况是每周当中有四天在企业，一天在培训机构。

一般在培训开展三个月之后，雇主就可以通过澳大利亚学徒制中心申请“学徒制开展激励经费”。澳大利亚学徒制通过培训和青年网络管理系统（TY-IMS）申报该项经费，从而支付给雇主。在接下来的培训期间，澳大利亚学徒制中心会分别在6个月、12个月和学徒制完成之后，访问雇主和学徒。当学徒完成学徒制时，雇主则向培训机构或州 / 领地培训局提供学徒岗位能力的证明，而培训机构也会向学徒颁发资格认证，如果学徒只完成资格认证当中的部分能力单元，那么就会颁发这些能力单元的“完成证明”，在州 / 领地培训局向学徒颁发能力证书。在州 / 领地培训局确认学徒制完成后，雇主就可以获得“学徒制完成激励经费”。

二、集团培训公司模式

集团培训公司（GTCs）是澳大利亚学徒制当中富有特色的第三方机构。其直接招聘学徒，然后把学徒派遣到相关企业（以小微企业为主）工作，同时，也把脱岗培训外包给 TAFE 学院。在这一模式当中，与学徒产生雇佣关系的是集团培训公司，集团培训公司向学徒支付工资，而企业则需向集团培训公司交付服务费。这一模式解决的是小微企业难以单独完成的学徒培训，却又不愿意承担雇用风险的问题。

三、学校本位学徒制

学校本位学徒制是澳大利亚在 1998 年“新学徒制”改革中建立的一种新的学徒制类型。它面向 11、12 年级的在校生，是一种具有兼职性质的学徒制。在岗培训仍然是在企业里完成的，只是时间比例较少。各州 / 领地对于学校本位学徒制的规定差异较大，具体情况可参见表 6–2。

但是，这种学徒制在澳大利亚学徒制当中占的比例不大，2009 年仅为 6%。参加者也多是从事非技术型行业（约占 70%），资格认证的等级也以 2 级证书为主，这主要是因为这类参加者最多只有两年的在校时间，所以已拥有的工作知识、技能和经验比较有限，不太容易申请到学徒岗位，自然也就难以完成更难或时间更长的学徒制项目。而由于兼职性质和较低的资格认证层次，企业对于这种学徒制也并不是十分热衷。虽然有支持者认为，这种模式丰富了澳大利亚学徒制的开展路径，促进了学校教学的改革，但是更多的人则认为这种学徒制最多只能被看作是“就业前的培训项目”，而不是真正的学徒制，因此建议取消“学校本位学徒制”，而是将其改造为职业学校的“前学徒制项目”。

表 6–2 澳大利亚各州 / 领地学校本位学徒制的要求

	每周 / 阶段工作时间	其他要求	备注
首都领地（ACT）	每周至少工作 11 ~ 20 小时	其他形式需校长签字	

续表

	每周 / 阶段工作时间	其他要求	备注
新南威尔士（NSW）		有学校盖章 / 校长签字的完整培训计划	
昆士兰（QLD）	每年有至少 48 天的带薪工作	注册培训机构必须与雇主、学校和家长签订教育培训就业计划	
南澳大利亚（SA）	每周至少工作 8 小时	培训合同必须附有校长签字的完整培训计划	学生必须参加澳大利亚教育证书的学习；部分的培训或在岗培训应在就学时间里开展
塔斯马尼亚（TAS）	每周工作 8 ~ 15 小时	注册时应提交校长签字的完整培训计划，并填写额外的表格	除行政管理和零售类型的资格认证以外，有雇佣需求时，雇主应优先录取学校本位的学徒
维多利亚（VIC）	每四个月的周平均工作时间至少为 13 小时	应有注册培训机构通知单以及培训计划	
西澳大利亚（WA）		注册时应有培训与就业计划	

资料来源：Skills Australian. Skills for prosperity: a roadmap for vocational education and training [R]. Skills Australian, 2011：139，138.

第三节　澳大利亚现代学徒制的特点

澳大利亚现代学徒制来源于传统学徒制与受训生制的合并，实际上来说，就是把实践工作与有组织的培训结合起来，然后将实际操作与层次分明的培训课程有机结合，新学徒制的培训项目和依据标准是澳大利亚全国统一的资格框架和在资格框架下进行的培训。各培训机构和 TAFE 学院（Technical And Further Education，也就是职业技术教育学院）都是以这两个标准来对学徒进行培训和开设课程，并按照培训合同规定的要求进而达到职业和行业所要求的能力标准，使学徒在培训学习结束后可以获得全国认可的资格证书，也就是学历资格证书——AQF 1 ~ 4级证书（Australian Qualifications Framework 1 ~ 4）。新学徒可以通过集团培训公司来寻找雇主，而集团培训公司一般则负责安排新学徒最初的就业实习和培训，然后把他们一一推销给新的雇主。雇主因此可以得到来自联邦和各州 / 领地政府的财政支持。所以，与传统学徒制相比，澳大利亚的现代新学徒制有许多新的特点。

一、资格证书的统一性

资格证书的统一性是澳大利亚新学徒制取得成功的最重要的因素之一。学徒在完成“新学徒制”培训之后，可以获得澳大利亚全国认可的学历资格证书，也就是AQF1 ~ 4级证书，这些证书分别为国家资格框架中的一级证书、二级证书、三级证书和四级证书。但是，这四个资格证书如果是从低级到高级来划分，那么就可以依次排序为一级证书：初级证书；二级证书：操作技能证书；三级证书：技术证书；四级证书：高级技术证书。

二、培训方式的机动性

为使学徒制更具可操作性，澳大利亚政府在全国设立了300所新学徒服务中心，为培训机构以及学员们提供免费的服务。澳大利亚新学徒制培训的“双元”体系就充分反映出了这一培训方式的机动性。“双元”体系是指学徒的培训同时在企业（公司）和职业学校进行，而企业培训是学徒培训的主要组成部分。一般培训机构主要指的也是澳大利亚各州和地区之内的TAFE学院，他们大多数负责知识培训和少量的技能培训，如果说到大量的实践培训，那么还是在雇主的企业内得到的更多；然后学徒在雇主的企业和培训机构这两个培训场所进行训练，雇主和培训机构的教师负责对学徒进行培训和成绩记录。新学徒制计划包括部分时间制学徒制、受训生制、完全在岗的正规培训、TAFE学院的脱产培训和私人培训等。

三、培训课程的多样性

澳大利亚“新学徒培训制”的实行以分阶段形式进行的弹性学习课程。教学的形式灵活多样，既可连续进行一次完成，也可以分阶段实施分步完成；既可全日制，也可以实行半日制或者是利用业余时间，所以便有充足的时间可以满足学徒运用灵活多样的方式逐步完成学业。据澳大利亚有关方面的统计，从学员参加学习的方式来看，自1998年开始实施“新学徒培训制”计划以来，非全日制学徒和接受培训的人数在不断增加，这也说明了“新学徒培训制”计划更加注重学员学习的灵活性特点。到了2004年3月，大约79.5%的学徒和接受培训的学生为全日制学生，而到了2009年3月为82.2%，由此可见全日制学生所占比例的降低，说明更多人选择更加灵活的方式进行新学徒制的课程学习。澳大利亚学徒制体系庞大，开展方式灵活。也是因为学徒对象的覆盖面非常广，15岁以上的任何人都可以参加，包括毕业青年、在校生、成人求职者和在职员工。行业职业的覆盖面也非常广，从传统行业到新兴服务业，有500多种的职业可以选择，培训的开展也非常灵活，在培训的能力要求下，注册培训机构和企业之间的分工可以自行决定，教学方式可以多种多样，评价方式也不拘一格，而且还可以通过“先前学习认可（RPL）”和“当前能力认可（RCC）”的策略，直接获得能力单元的完成证明，在不同场所和途径下获得的完成证明，又可以通过组合来获得相应的资格认证。实施体系的灵活性有利于吸引企业与学徒的参加。

四、社会各界参与的积极性

澳大利亚学徒制的快速发展，首先要感谢的就是澳大利亚政府的大力扶持。澳大利亚与其他盎格鲁–撒克逊国家一样，都缺乏职业教育的传统。企业开展学徒培训的意愿非常低，再加上对于澳大利亚技术移民政策的依赖，许多企业都不愿意自己来培养技术技能人才，在这样的国家当中，要想发展以企业为主体的现代学徒制，就必须依靠政府的大力扶持，尤其是经费激励。此外，澳大利亚政府还较为注意在社会舆论方面加大宣传力度，比如评选年度最佳雇主、最佳学徒以及最佳培训机构，邀请知名企业人士和成功学徒担任澳大利亚学徒制的形象大使等。

澳大利亚政府从鼓励竞争入手，放开学徒培训市场，充分地调动和发挥社会和各行各业开展职业培训的积极性。在澳大利亚，只要经过国家培训局的认可，在任何机构、企业和个人都可以承担学徒培训任务，政府也会一视同仁地给予经费支持。对于社会急需的职业培训，政府会重点支持，拨款数额也会高于其他职业。在培训机构办学资格审批和拨款数量上，以学员结业后的就业率高低和收入多少来划分等级，进而确定拨款数量；对于招收学徒培训的企业，则在税收上给予一定的优惠，这种政策充分发挥了社会各界参与职业教育的积极性。同时，澳大利亚《职业教育和培训法》规定，由雇主向接受"新学徒培训制"培训的学徒支付工资，提供额大约是职工全额工资的70%；企业每雇用一个学徒，政府会给予4400澳元的补助。经过"新学徒培训制"培训的学徒很快能够获得全职工作，提高了就业成功率，充分调动了雇主、学徒和培训机构参与"新学徒培训制"培训的积极性，也促进了澳大利亚"新学徒培训制"的发展。

五、培训对象的多样性及广泛性

澳大利亚传统的学徒制，主要就是指针对20岁以下年轻人参加的四年培训模式。学徒培训的行业主要集中在传统的制造业、建筑业、运输业、储备及印刷等行业。而新学徒制实施之后，对于参加学徒培训的人员年龄没有限制，只要是完成义务教育的任何人都可以参加学徒培训。学徒培训也由传统的行业向信息、医药、零售业、旅游及服务业发展。目前学徒培训已包含3500个职业，同样，它也让更多女性和更多种族的人员纳入到这种新的培训体系当中，改善了他们的就业条件，提高了他们的就业能力。

六、"用户中心"的服务体系

在"用户中心"所指的"用户"实则是在说企业与学徒。为了更好地服务企业与学徒，澳大利亚学徒制中心遍布各地，为企业与学徒提供"一站式"服务。为了提高脱岗培训的质量，在注册培训机构的选择上，澳大利亚政府引进了"用户选择"的竞争机制，企业和学徒可以自行选择注册培训机构，这就促使注册培训机构不断提高教学质量和服务水平。

第七章　瑞士现代学徒制

第一节　瑞士现代学徒制的内涵

这么多年以来，瑞士的国际竞争力总排名一直都居于全球经济竞争力的榜首位置，这都要归功于它卓越的创新能力，而这份创新能力主要还是得益于瑞士对于职业教育的极大重视。瑞士联邦全国州教育局长联席会议秘书长莫里茨·阿尔奈特就曾说过：“一个国家不能只培养科学尖子，更需要培养职业尖子，也就是在各行各业的尖子，要知道，一个国家如果没有一个严谨、完整、高标准的职业培训系统，那么是不可能取得经济和社会成功的。”

瑞士职业教育的主要形式大多数都是以学校和企业合作、教育和职业合作的现代学徒制为主要实施方式，而企业、学校、政府机构以及行业协会良好的互助协作机制，正是保障瑞士现代学徒制顺利运行的关键。

一、瑞士现代学徒制:“三元”协作运行机制

瑞士的职业教育体系是由职业准备教育、中高等职业教育和职业继续教育三部分所组成。在这其中，培养技术技能型人才的中等职业教育，目前仍然居于瑞士中等职业教育的主体地位，更是以“三元制”为其主要特征。如果是从管理机制的角度来看，那么瑞士现代学徒制是由瑞士联邦政府、州政府和各行业协会三方机构相互合作管理的；但是，如果从实施机构的角度来看的话，则主要由职业学校、企业和由各个行业协会举办，其目的就是提供跨企业的核心技能的训练的职教中心，现代学徒制教学计划的实施就是由这三方共同承担的。学生的学徒期限会根据专业要求的不同而有着不同的培训时间，一般情况大多数为2～4年，时间稍长的也有3～4年的情况。基本上在每一个教学周当中都有着固定的学习安排，会安排1～2天在学校当中学习普通文化知识和专业理论，3～4天在企业或者职教中心通过工作本位学习掌握专业实践能力。基本上2年制毕业生就能够获得职业教育与培训证

书，像3~4年制的毕业生也可以获得联邦的职业教育与培训文凭，能够获得直接升入高等专业学校继续学习的资格。

瑞士现代学徒制运行的主要参与者也就是其相关办学主体，一般都是职业学校、企业和职教中心，它的管理主体则是联邦政府、州政府和行业协会。其运行机制就是探讨在以现代学徒制为主要实施形式的技术技能型人才培养的过程中，上述相关要素发生了怎样的相互作用和相互关系，这个相互关系又是怎样去保证人才培养目标的实现的。根据作用关系功能指向上的差异，也可以将现代学徒制运行机制划分为利益保障机制、教学运行机制、沟通协调机制和质量监督机制四种机制。利益保障机制主要就是指各相关合作主体介入现代学徒制的利益诉求是什么，又应该如何去激发、协调和保障现有的利益保障机制；教学运行机制是指合作主体围绕人才培养目标如何来确定教学内容与顺序，而不同办学主体之间的教学任务又需要进行怎样的分工协作；原本沟通协调机制主要指的是现代学徒制参与主体在各自独特的利益诉求的基础上围绕人才培养目标的达成，如何在办学过程中实现协作与沟通；质量保障机制则主要指合作主体通过何种方式、何种形式来确保参与现代学徒制的学生能够达到劳动力市场对人才规格的需求。

二、瑞士现代学徒制——“三元”协作运行机制的应用

瑞士现代学徒制的顺利运行得益于政府的投入和政策支持、行业企业的积极参与及其社会各界的广泛支持，在充分保障各合作主体合法、合理的利益诉求基础之上，在通过制度化和规范化的合作运行机制来保障人才培养目标的达成，其成功的运行机制可概括为以下四个方面：

(一) 利益保障机制：成本共担，利益共享

现代学徒制能够顺利运行的关键就是要确保参与主体能够在参与学徒人才培养的过程中获得预期的收益，虽然从受益主体来看，其实，政府、行业、企业以及学徒本人都是相关的受益主体，但是，其参与现代学徒制的利益诉求却各不相同。学生的主要利益诉求是为了自己的未来与前途，希望能够通过参与学徒制来习得一技之长，通过自己所掌握的技术去获得稳定的工

资收入和良好的职业前景；政府的主要利益诉求则是为了社会，通过学徒制向行业企业供给充足的技术技能型人才，进而实现经济发展和社会秩序的稳定；行业协会的主要利益诉求则是为了确保整个行业内技能传承秩序的稳定，以及整体有效地去提升本行业的竞争力；而企业的利益诉求则是为了人才，争取和获得有能力胜任企业岗位工作需要的人力资源，储备企业未来发展所需的劳动力。从中也可以看出，参与现代学徒制各方的利益诉求是不同的，甚至会在某些特定场合和时间上产生冲突与矛盾，正因如此，维护与参与现代学徒制各方的合法及合理的利益诉求的同时去保障各方的权益，才是保证现代学徒制得以顺利运行的根本，也是吸引企业参与现代学徒制的必要前提。瑞士现代学徒制之所以能够成功运行，最重要的还是因为其能够在充分考量参与各方利益诉求的基础之上，在通过法律、法规等多方面的制度建设保障各参与主体的利益诉求，以此为基石，建立了公平、公正及透明的成本分担机制，并通过多种途径激励各方参与现代学徒制的积极性。

学徒培养需要在多个教学场所、多种类型教师的合作参与以及最新的实习、实训设施保障的前提下才可实现。其实，这种培养的方式注定了它将会是一种办学成本较为昂贵的教育类型，而公平、合理及各方都可接受的成本分担机制则是保障各方参与积极性的重要因素。针对于此，瑞士政府将学徒制运行经费按照不同的用途分为以下三种类型：公共经费、行业经费和职业教育基金，在这之中，公共经费主要是由联邦政府和州政府承担，州政府负担经费的3/4，而联邦政府则承担剩下的1/4，其中，在联邦投入的资金中，有10%是用于促进职业教育发展计划和相关公益活动的。联邦投入的公共经费主要也是用于包括学生辅导课程在内的职业教育相关准备活动、职业学校运行、专业课程的实施和职业资格认证这四大部分的。

行业组织负责职责范围内的学徒培训所产生的费用，其中包括实习实训设备、企业师傅的酬劳以及相关的耗材费用。而职业教育基金属于推进企业参与学徒制培训的激励资金，主要被用于保护参与学徒培训的企业的合法利益，防止“挖人外部性”风险损害参与学徒培训企业的利益，所以，企业就算不直接参与培训，也是需要向基金会支付一定的培训费用的，与此同时，参与企业将会得到相应的经济补偿与资助。从表7–1中可以看到，瑞士现代学徒制的经费投入来源多样，各责任主体的职责大小分配明确，其实，这也为瑞士现代学徒制的顺利运行提供十分重要的条件。

表 7–1 学徒培养实施各阶段经费投入各主体责任分工

培养内容	经费来源（按投入大小排列）
职业教育辅导班	州政府＞联邦政府＞地方政府＞学生
企业内培训	企业
职业学校内培训	州政府＞地方政府＞联邦政府
行业培训课程	企业＞州政府＞联邦政府＞专业组织
职业资格认证过程	州政府＞联邦政府＞专业组织

资料来源：Facts and figures: Vocational and professional education and training in Switzerland, 2014[EB/OL].http://www.sbfi.admin.ch/dokumentation/2014/1//00425/00650/index.html.

（二）教学运行机制：三方协作，稳定高效

传统学徒制的教学形式主要是通过学生观察和模仿师傅技能操作方式的“做中学”来实施教学。这种教学尽管可以让学徒掌握较为熟练的操作技能，但是其效率却较低，一般情况下，它的学徒期限为4～6年的情况居多。但是，随着现代科学技术在工作领域的广泛运用，现如今，传统的学徒制教学模式培养出来的人才已经很难满足社会的需求。因此，对于学徒培训的教学过程进行结构化和规范化既是学徒所学内容知识形态变化的需要，也是当今社会技术发展日新月异的要求，更是现代学徒制“现代”性特征的集中体现。

瑞士整个现代学徒制教学运行体系正是在政府的干预和支持、行业协会的参与与职业学校的积极组织下，逐步走向系统化和规范化的道路。从具体负责学徒培训的机构所负担的教学职责来看，其总体的课程内容分为了三大板块：职业学校课程、企业实践课程和行业课程。其中，职业学校主要负责的是学生普通文化知识的传授和专业理论知识的学习，职业学校不仅要教会学生怎样去完成职业岗位操作所需的相关理论知识，也需要培养学生与他人交往的社会能力和学会学习的方法能力，同时，职业学校还需要提供联邦

职业文凭 FVB 的预备课程供学生选择；而企业实践课程主要是通过让学生在企业教师指导下，在完成经过教学化处理的工作任务过程中，掌握以及胜任工作岗位需要的职业能力，企业实践课程既有可能由一个企业单独实施，也可能会有多所企业共同实施；行业培训课程主要是为了弥补职业学校课程和企业实践课程的不足而产生的，其主要传授学生在本行业内所有企业都通用的知识技能，帮助学生提高未来的就业竞争力，一般授课地点都是在行会所管理的第三方行业培训中心来进行。除此以外，为了保障三元制学徒培训能够高效顺畅地运行，瑞士政府还出台了一系列的法律、政策明确学徒培训参与者的权利与职责，保障教学计划与安排能够顺利实施。例如，以培养学生掌握立式带锯床这一技术为例，职业学校主要向学生传授有关立式带锯床这一技术的结构、功能及其工作原理；企业实践培训则需要教会学生如何在工作一线操作立式带锯床这一技术，培养其实践操作能力；行业培训中心则需要培训学生学会如何处理在操作立式带锯床这一技术过程中可能会出现的技术难题，三个教学地点充分实现了授课内容的互补与衔接。

(三) 沟通协调机制：民主协商，透明公正

前面也曾说过现代学徒制的构建其实并不是由单个主体独自实施的，而是需要不同利益诉求的主体相互合作才可能实现的，然而，由于不同的参与主体对于现代学徒制的利益诉求不可能在任何时间节点上都能够准确无误地实现对接，特别是随着参与现代学徒制的利益相关主体的范围日益扩大，职业学校、企业、行业协会、第三方培训机构、政府、企业师傅、教师、学徒等，都是利益相关的主体，而且利益诉求的对接不仅发生在学校和企业之间，由于任何主体之间都有可能因为主客观的原因而发生利益的冲突导致现代学徒制运行失效。因此，构建多元参与的沟通协调机制其实也是化解潜在冲突和深化合作程度的关键举措，更是对现代学徒制的顺利运行具有至关重要的作用。任何关于学徒制政策的出台，以及所有的利益相关者的意见都需要被全面考虑，也只有这样才能够使政策在贯彻执行时能够有较高的可接受度。正是基于以上原因，瑞士政府从国家到地方都分别建立了不同层面的利益协调沟通平台，目的就是帮助各方参与者实现利益的最大化，确保

所做的决策都是在充分保障不同参与主体利益诉求的基础上提出的。

首先，在联邦与州两个层面的法律制定过程中，同等级别的专业组织，如行业协会、企业、社会合作伙伴、其他职业教育提供机构等都会积极参与到法律制定过程中，其目的就是为了保障法律的专业性。正是在联邦政府、州政府和专业组织的共同参与下制定出的法规政策才能够获得所有参与者的认可，并确保顺利实施。由此可见，多方参与法律制定是实现各方权责平衡的基本前提，更可以有效避免“一边倒”现象的出现。其次，除了法律制定之外，政策制定同样是在经过多方参与协调及合作协商所进行的。瑞士议会建立了联邦职业教育与专业培训会议，主要由联邦教育、研究与革新署负责维持会议的运行并组建会议秘书处，主要的工作任务是为相关政策的制定收集各方意见与建议。它的多元参与也体现在会议成员的身份多元上，会议成员分别来自于联邦政府、州政府以及专业组织、学术领域等，总数不超过 15 名。这一组织机制也保证了现代学徒制的参与者都具有一定的权益，从而帮助实现各方的权力平衡与制约，而学术领域所代表的参与更是体现了现代学徒制不仅具有经济属性兼有教育属性，更是有能力保证学徒的教育权益。由此可见，建立多元参与及公正透明的利益协调机制是瑞士现代学徒制得以顺利运行的关键，其不仅可以有效化解潜在的矛盾冲突，更能够实现所做决策的广泛性以及代表性，从而保证决策可以获得大多数参与者的认同并顺利实施。

（四）质量保障机制：标准清晰，责任明确

学徒培养质量是评判现代学徒制运行效果的唯一标准，也是指引现代学徒制改革深化的重要指标，甚至将直接决定现代学徒制是否能够获得社会的接纳与认可，正是基于上述的原因，瑞士政府才构建了由联邦政府、州政府和行业组织来共同实施的质量保障框架。联邦政府主要负责从宏观层面构建现代学徒制的质量保障框架；行业协会等专业组织则主要负责制定企业培训内容与国家质量资格标准；而州政府则负责实施与监督所在州的企业和学校的教学，并组织最后的考试，这三方各司其职、各尽其责，但是，终归都是为了确保学徒能力规格能够契合劳动力市场的需求，恪守学徒培养的质量底线。除了构建责任明晰和运行良好的质量监督机制之外，瑞士政府还联合

行业、企业建立完善了一系列学徒培养的质量标准。首先，建立学徒培训企业资质标准。在瑞士，其实并不是所有企业都具有参与现代学徒制的资格，如果企业想要参与现代学徒制，那么也需要先向政府进行申请，然后政府按照相关资质要求，对其资格进行审核后才能招收学徒。

具体流程为：若是某一企业有意愿提供学徒岗位，那么就需要先咨询州职业教育信息处，以获得与自身所愿提供岗位相对应的基本训练课程计划与规范，并在州职业教育信息处培训咨询人员的帮助与指导下展开相关工作。培训咨询人员将会与一位培训委员会成员对企业的培训能力进行资质评估，其主要内容包括企业培训的内容是否符合专业培训条款的要求，企业培训人员是否具有培训学徒所具有的专业能力，企业所提供的培训环境是否达到了学习环境的要求等内容。其次，建立职教师资标准。瑞士现代学徒制培训在三个地点实施，这便意味着学徒培训需要多种不同类型的教师承担不同的教学任务，对于各类型教师素质要求也有一定的差异。按照培训地点的不同，可以将其分为职业学校教师、培训中心教师和企业培训教师，联邦政府针对每一类型的教师都制定了具体而详尽的任职资格要求。企业培训人员也有其特殊的任职资格，也就是说，如果想要在企业中承担学徒培训的教学任务，那么教师首先必须获得由联邦或州政府所颁布的职业教育培训人员资格证书，其标准具体内容见表7–2。

表7–2 瑞士现代学徒制各类教师资质要求

教师类型	学历或技能要求	其他培训要求
职业学校专业基础课教师	专业教育或应用科技大学毕业；半年工作经历	专任教师：1800小时教育学培训
职业教学普通文化课教师	所教专业大学毕业文凭	兼职教师：300小时教育学培训
行业实践培训中心教师	专业教育文凭，2年工作经历	专任教师：600小时教育学培训 兼职教师：300小时教育学培训

续表

教师类型	学历或技能要求	其他培训要求
企业培训教师	职业教育文凭，2年工作经历	100小时教育学培训或40小时学徒指导课程经历
实践考试专家	职业教育或专业教育毕业文凭，在联邦职业教育研究所接受与考试有关的教育学或方法学培训	

资料来源：Samuel Muehlemann，Stefan C. Wolter，Apprenticeship training and the business cycle，Empirical Research in Vocational Education and Training 2(2009) 173—186.

最后，实现现代学徒制培训内容与职业资格证书标准的对接。瑞士政府针对所有培训领域的学徒项目，设立了不同的资格证书。完成两年制非正式学徒培训的毕业生获得的是联邦职业教育证书，证书表明学生已经在某一职业领域内掌握了基本的专业知识和操作技能；完成3~4年的正式学徒培训的毕业生则有资格获得联邦职业教育毕业文凭，该文凭获得者则被认为已经获得了从事某一行业相应职业领域的职业能力，而职业资格证书的运行机制是由行业组织制定职业资格标准和联邦政府颁布并认证的资格证书，州政府负责组织相关的考试并向考试通过者颁发证书。这样也就保障了职业资格证书既能够反映用人单位的需求，又可以借用联邦政府的名义保证证书的含金量和社会认可度。总之，瑞士政府通过学徒培训的标准建设，从培训内容、师资、结果等多个方面对学徒培训进行质量监督。

第二节　瑞士现代学徒制的模式

一、“学徒制”的运行模式

瑞士的基础职业教育按其内容可分为三大类，也就是工农业、商业和护理类，在这之中共设有230个职业，而每个职业一般有30种左右的技能。学生可以从联邦公布的职业当中选取自己喜欢或需要的职业，并向具备“学徒制”培训资格的企业递交申请，学生与企业达到一致意愿后签订学徒标准合同，然后便开始“学徒制”培训。学生每周会有1~2天是在职业学校学习的，3~4天是在具备“学徒制”培训资格的企业实习。瑞士具备学徒制培训资格的企业有6万多家，绝大部分为中小企业（250人以下）。企业为学徒团队配备具有资质的培训师，为学徒提供学徒工资，让其参与中等职业学校的教学内容和考试设计。瑞士各行业协会也都有专为学徒考试而设立的委员会，学徒期满经过考试之后，就具备获得联邦职业教育和培训毕业证与职业资格证书的资格。

二、“学徒制”的参与方

（一）联邦政府

联邦政府职业教育管理事务主要由联邦经济、教育与研究部（WBF）所负责，WBF下设联邦教育、研究和创新事务秘书局（SBFI）和联邦职业教育研究所（EHB）两个机构负责职业教育事务。SBFI则主要负责教育、研究、创新相关事宜，在职业教育方面负责职业教育战略与发展、法律法规修缮、职业教育政策公布、职业教育和培训体系质量保障以及开发、课程设置、考试规则、核心教材认证和推动创新；EHB主要承担教师与专业人员的培训和进修、职业教育的科研与开发、职业发展项目的开发，支持培训机构的发展与实施职业教育。

（二）州政府

瑞士联邦共和国由26个州组成，州政府对于职业教育的管理职能由职业教育和培训办公室所负责，主要是对职业教育实施与监督，主要职责包括管理监督专业学校，监督检查学徒合同的签订与执行，提供职业指导和职业教育信息咨询服务，调查与协调州内学徒岗位市场的供需关系，参与完善职业教育体系。

（三）企业

瑞士自然资源相对比较匮乏，经济结构以资源进口和产品出口为主导，优势产业主要集中在制造业和服务业，企业主要以中小企业为主，99.7%的企业为250人以下的中小企业。企业是“学徒制”培养模式最主要的执行者，在“学徒制”实施过程中的所占权重甚至超过了专业学校。企业负责提供学徒岗位及培训场所、设备、培训师等资源。

(四) 行业协会

行业协会深度参与是瑞士“学徒制”最主要的特征，行业协会是“学徒制”中的主导者和主要决策者，更是企业与政府、学校之间的纽带，主要负责的有职业培训的培养目标、内容与标准的制定与更新、新职业培训标准和课程的开发、学徒岗位的协调、职业资格任职标准的制定。同时，也受州政府委托为职业资格考试和技能考核出题，在协助组织考试以及组织实施本行业培训。正是因为瑞士绝大部分的企业都是中小企业，所以，也从直接或间接的各个方面影响了很多企业无法独立完成学徒培养的任务。因此，则出现了跨企业培训机构，也就是由行业协会建立的行业培训中心，一方面在为学徒提供跨企业的基本职业能力培训，而另一方面也承担了企业的部分培训任务，对企业培养学徒能力不足进行补充，通过集中培训能够减少学徒培训的成本。

(五) 专业学校

瑞士基础职业教育共有200多所专业学校或培训中心，教师当中有40%为兼职教师，专业学校主要负责开展专业知识和一般知识教育，并帮助学生通过职业资格考试。

三、“学徒制”的经费投入

瑞士基础职业教育经费主要由政府和企业分摊，企业负担60%，主要是用于学徒工资和培训费用等；联邦政府负担10%，主要用于各州的职业教育补贴和职业教育发展等；州政府负担30%，主要用于专业学校办学的费用和职业指导等。

学生接受“学徒制”教育无须支付学费，还能够领到学徒工资。瑞士参与到学徒培训体系中的大部分企业能够从“学徒制”中获取利益。仅是2014年瑞士就为学徒岗位企业培养学徒提供了总费用高达53.50亿瑞郎的数字，学徒的生产输出为58.24亿瑞郎，净效益为4.74亿瑞郎。效益为正值的主要原因还是应当归结于学徒具有稳定的生产输出，且学徒的工资不高的关系。

第三节 瑞士现代学徒制的特点

瑞士学徒培训通常为期2~4年，是由企业、培训中心和职业学校三方来支撑。接受义务教育后，学徒与企业签订合同，并在教育部门或同业公会备案，之后便可成为正式的学徒。此外，在企业培训期间，学徒每周必须保证两天在职业学校内学习的时间，以便进行理论知识的补充。合同期满并考试合格之后，便可获得联邦颁发的技能证书。

一、设立职业指导中心

瑞士为完成义务教育到职业培训的成功过渡，便建立了职普衔接的桥梁，设立了职业指导中心，为处于过渡过程中的学生提供指导及咨询服务。职业指导中心的主要任务就是对学生进行职前指导及职业规划，帮助学生定位自己的能力水平，以便选择适当的学徒培训岗位。与职业指导中心相呼应的是学生在校期间的职前准备教育。瑞士的职业指导通常在义务教育的第七年展开，教师会充当学生职业启蒙教育的指导者，为学生讲解具体的岗位知识，指导学生了解当地的经济结构和主要的产业类型，同时，也组织学生讨论职业选择的倾向。学生初步掌握了相关知识后，会被推荐到专业的职业指导中心，职业指导中心施行独立运作，不附属于任何私人的机构或学校，这使得该中心可以为任何有意向参加学徒制培训的学生提供咨询，而且信息来源较为广泛。

二、明确教师资格标准

瑞士学徒制培训对培训人员和教师的要求都十分严格。首先，对于企业的培训者，一般要求其要具有联邦职业教育培训文凭或同等资格，并且还要具有两年及以上的工作经验，具有培训人员资格证书并完成过100小时的培训。其次，对于职业院校教师，也要求具有本专业的高等教育文凭，更要拥有六个月及以上相关工作经验，具有普通高中教师资格证书，并完成专科阶段职业教育教法的培训课程。再次，对于职业院校某职业学科的教师，要求具有本专业的高等教育文凭，完成职业教育教法的培训课程。最后，对于职业院校普通文化课教师，要求具有普通高中教师资格证书，完成300小时的职业教育教法培训，并完成相关专业的大学培训课程。

三、学徒晴雨表与学徒准入制双重保障机制

据瑞士“劳动力调查”就业数据结果显示，自2008年第四季度起，由于受金融危机的影响，瑞士劳动力市场持续处于不景气状态。到了2013年，市场状况才有所缓解，就业人口数比2008年提升了6.2%。面对如此动荡的劳动力市场，为了改善学徒培训岗位供需不协调的现象，瑞士市场和社会调查机构在职业教育与技术办公室的帮助下，建立了用于监测学徒供需匹配度的学徒晴雨表，每年学徒晴雨表对瑞士14~20岁的青少年进行两次电话或是书面的商业调查，来方便其掌握学徒岗位的整体需求情况。此外，各州每月也会对学徒市场的供求情况进行调查。当学徒岗位出现供需不匹配的情况时，瑞士职业教育与技术办公室会立即采取干预措施，为的就是缓解这种失调状况。

据瑞士2013年统计数据显示，高等中学阶段共有学生约36万人，其中，约有23万人选择参与学徒制培训。学徒制在瑞士如此受民众青睐的一大原因可以归结为学徒准入制，也就是参加培训的学徒在期满顺利毕业后，可直接与所在的企业签订就业合同，升级为正式员工，并获得应有的薪资待遇。学徒准入制不仅满足了学徒自身的意愿，也保障了学徒的就业率，是瑞士多年维持较高就业率的推动剂。此外，瑞士各类企业在招聘技术型人才时，只会雇用接受过正规职业培训的应聘者。

四、丰富的资金来源与先进的设备

瑞士于2004年实施《瑞士联邦职业教育法》，对于瑞士教育经费机制进行了一系列的改革，大力增加了联邦政府对于中等职业教育的投入。因此，职业教育的资金来源在有保障的前提下变得更加多渠道化。据统计，瑞士政府平均为每名学生花费的资金高出OECD国家平均水平的68%。现有瑞士职业教育资金主要来源于联邦政府、州政府与行会组织，经费的走向主要是职业学校和培训中心。由于瑞士学徒培训的资金来源丰富，因此，学徒无须缴纳学费就可以到相应的企业参与学徒制培训，学徒培训区别于普通教育，培训期间往往会需要专业的设备，所以，花销自然就会超出普通教育，瑞士政府正是考虑到了学徒培训的特殊性，故保障了其丰富的资金来源。此外，企业对于学徒的帮助也很大，由于学徒培训通常是在雇主公司内部进行的，所以，雇主的公司因为迫于市场的竞争压力，一般也会选择采购最先进的设备，也因这样，学徒在培训期间可以在不产生额外费用的前提下使用最先进的设备，以掌握本行业的最新技术。

第八章　意大利现代学徒制

第一节 意大利现代学徒制的内涵

一、意大利现代学徒制的基本情况

意大利位于欧洲南部，是欧洲第一大老龄国家。2008 年 10 月 29 日，意大利参议院批准了政府所提出的教育改革方案，主要内容之一是在未来的 5 年内削减大学的教育经费。根据意大利的基本学制，在意大利，义务教育年限是 10 年，从 6 ~ 16 岁；然后是义务教育或培训阶段，时间是 16 ~ 18 岁；最后进入高等教育阶段。在高中阶段，艺术学校、技术学校和职业学校属于职业技术教育，其他则属于普通教育。

根据相关法律，当前意大利的学徒制主要包括企业内培训和企业外培训两种形式。其中，企业内培训的特点是在工作过程中学习，并辅以专门的指导；企业外培训则是由其他非企业机构实施的培训。例如，金属 / 机械行业的企业外培训时间的总学时通常为 120 ~ 160 小时，但当受训者拥有行业或企业的国家认可的合同，并已获得相应的证书资格或学校资格时，培训时间则可以缩短。

二、意大利“高等学徒制”出台的背景

在“高等学徒制”出台之前，有一些长期困扰着意大利政府的“顽疾”：

(1) 劳动力结构当中青年所占比例较低，NEET 比例同整个欧洲相比要高，意大利的青年人比例非常低，根据 2010 年的数据显示，仅占所有人口的 10.1%，同时，也是老龄化最为严重的国家之一，而 80 岁以上老人占 5.8%。其中，18 ~ 34 岁人口当中仅接受过初中教育且是 NEET（not in education, employment or training），在中国也称为“啃老族”，这个比例是非常高的，具体情况详见表 8–1、表 8–2。

表 8-1　18～34 岁仅接受过初中教育且是 NEET 的人口比例

国家＼年份	2000	2005	2008	2009	2010
欧盟（27）	17.6	15.8	14.9	14.1	14.1
欧元区（17）	19.6	17.6	16.6	15.9	15.6
意大利	25.1	22.0	19.7	19.2	18.8
德国	14.6	13.5	11.8	11.1	11.9
西班牙	29.1	30.8	31.9	31.2	28.4
法国	13.3	12.2	11.9	12.4	12.8
英国	18.2	11.6	17.0	15.7	14.9

资料来源：Eurostat.

表 8-2　2010 年欧洲一些国家不同年龄段的就业率

国家＼年龄	15～24	15～64
欧盟 27	34.0	64.1
欧元区	33.8	64.2
意大利	20.5	56.9
德国	46.2	71.1
西班牙	24.9	58.6
法国	30.3	63.8
英国	47.6	69.5

资料来源：Eurostat.

由此不难看出，意大利由于福利水平较高，青年人不愿意积极投入劳动力市场，宁愿当 NEET。与此同时，整个社会的老龄化程度非常高。因此，如何激励青年人积极投入就业就自然地跃居至政府议事日程上的首位。

（2）高等教育的完成率远远低于欧洲的平均水平。从整个高等教育来看，意大利的完成率在欧洲是偏低的，具体情况可见表 8-3，2010 年仅为 19.8%，远远低于欧盟或者欧元区其他国家的水平。这就意味着意大利的高等教育辍学率非常高，这不仅不利于青年人的成长，而且对于高等的教育资源也是一种极大的浪费。这无疑是困扰意大利政府的一个难题，也是其削减高等教育经费的原因之一。

表 8–3　高等教育完成率（30～34 岁）

国家＼年份	2000	2005	2008	2009	2010
欧盟（27）	22.4	28.0	31.1	32.3	33.6
欧元区（17）	23.3	29.0	31.5	32.3	33.3
意大利	11.6	17.0	19.2	19.0	19.8
德国	25.7	26.0	27.7	29.4	29.8
西班牙	29.2	38.6	39.8	39.4	29.8
法国	27.4	37.7	41.2	43.2	40.6
英国	29.0	34.6	39.7	41.5	43.0

资料来源：Eurostat

（3）已有的学徒制吸引力不足，杯水车薪，难以满足劳动力市场的需求。意大利的法律规定，学徒制是一种以培训为目的的劳动合同。在法律上，此“劳动合同”赋予了年轻人获得能力和资格。在意大利，学徒制具有悠久的历史。在过去的 15 年当中，学徒制被认为是整个意大利国家从学校到工作过渡的主要途径。因此，学徒制一直是意大利政府降低失业率的王牌。

在意大利，目前有三种形式的学徒制，其中两种与教育体系相联系，第三种则以就业为目的。它们分别是：

1）针对青年人的学徒制。其对象是完成义务培训阶段的 18 岁以上的人员，该学徒制通过三条途径展开：

a .学校系统中的高中阶段教育。

b .参与全日制职业教育培训课程（该课程的提供者是继续教育）。

c .在“学徒合同”的约定下参加工作。

对于这些年轻人而言，当一名学徒意味着要被雇用并获得脱产培训，以此来获得职业资格证书，该证书在全国范围都是被认可的。由于参与高中阶段学校体系的学生人数增长，事实上，进入第三条路经的学徒人数极少，2010年仅为7500人，而且具有逐年下降的趋势。

2）针对已经获得文凭或者大学学位的学徒制。这是一种全新的形式，这一改革效仿的是法国。在该学徒制当中，个体被公司雇用且像工人一样获得收入。同时参与教育与培训项目，最终他们可以获得一个更高层次的文凭或者是大学学位。该项目最早由意大利劳动部引入，在意大利北部最大的企业当中试点。可惜的是，该试点并不具有较强的吸引力，最终参与人数不满1000人。

3）最为实用的学徒制，也就是“职业学徒制”（Occupational apprenticeship）。该学徒制是一种职业导向的学徒合同，主要针对18~29岁的年龄群体，该学徒制人数占到所有人数的95%左右。该“合同”指向某一技能或能力证书及职业资格的获得，需要每年接受至少120小时的正规培训，这些培训是由企业地区授权机构（Regional authorities）所提供的。

意大利学徒制在本质上归属于经济体系，虽然与教育体系发生了若干联系，但它绝不是该系统的一个部分。正因为如此，意大利学徒制在正规教育体系中难有立足之地，且参与的人数非常少。因此，从第三条路径培养出来的青年人尽管在素养上与企业要求契合，但数量非常有限，难以填补劳动力市场的空缺。自1996年以来，意大利学徒制一直经历着现代化的变革，其目标是拓展并加强培训合同的价值，这些改革取得了微弱的进展，即在某些方面修订了以往的法律，但这些并不足以改变“学徒合同”的全貌。综上所述，面临持续“老龄化”、青年就业总量严重不足以及已有学徒制培训能力极为有限的困境，意大利政府坚定地沿着1996年的改革方向，开始了一场重量级的学徒制改革。

第二节　意大利现代学徒制的模式

一、强制性的学徒制培训

现代学徒制一般分为三个阶段。第一阶段是强制性的学徒制培训。培训期最长为3年，培训对象是年龄为15～18岁的未完成义务教育的人员，其目的是使其通过在岗或脱产培训获得职业资格。根据意大利的有关法律规定，受训者每年必须完成不少于240小时的企业外培训。

二、职业学徒制培训

第二阶段是专业化的职业学徒制培训。培训期在2～6年，培训对象的年龄为18～29岁，(其中，17岁时已经完成义务教育的人也可以特别许可)，培训的目的是通过在岗或脱产培训，使其获得技术职业资格。其中，每年参加企业外培训的时间不少于120小时。

三、高级证书教育与培训

第三阶段是高级证书教育与培训，其培训时限在相关法律中尚未做出明确规定。这一阶段的教育与培训对象是18岁以上或17岁已获得熟练工人资格者，其目的是使其获得高中及大学文凭或取得职业教育与培训二级证书。

另外，意大利企业员工的个人培训计划是其工作合同的一个组成部分，其与国家或地区资格体系的要求相吻合，其中包括对于企业外培训和企业内培训内容的具体描述。

以2005年为例，学徒制的学习组织主要包括三项内容：

(1) 基础内容。在120小时由企业外培训者提供的正规培训当中，约有35%的时间传授基础和普及性内容，如定向与沟通能力、组织与经济、劳动者权力和工作安全。

(2) 技术内容。例如IT、外语、意大利语。

(3) 行业内容。自2006年起，行业培训也可以在企业中组织进行。自2006年起，对于能力及培训水平的认定转由地区、企业家协会和社会伙伴在达成共识的基础上确认。根据相关法规，在学徒培训中获得的“学分”，可在职业教育与培训和中学的第二阶段得到认可。

目前，在意大利很多地区都出台了关于新学徒制的指导方针。例如，《Marche地区职业学徒制适用法》于2005 年2月制定，并于2006年生效。

Marche 地区颁布的其他法规性文件还有：一是根据国家职业描述所开发的通用能力标准；二是制订个人培训计划等。而在 Emilia Romagna 地区，所颁布的法规内容涉及：根据与地区资格体系相关的国家职业描述开发了通用标准，并为经认定已经具备了某些能力的人准备了可供选择的考试；向企业颁发（培训）特许证书；开展基于工作过程的专业培训；规定学徒培训费用的50%由企业承担。Trento、Liguria、Toscana 和 Abruzzo 等省则根据国家职业描述开发了通用能力标准和个人培训计划。

第三节 意大利现代学徒制的特点

这次重量级的改革发生在2003年，该项改革取名为“Biagi’s reform”（意大利语，意为“不成功的改革”），其源于这项改革的主要发起者，最终因为改革在通过前被恐怖主义暗杀而得名。

2004年，意大利政府启动了高等学徒制（Higher apprenticeship）项目。该学徒制指向文凭、大学学位或者高等教育资格证书的获得，参与其中的学徒不仅仅能够参加脱产培训（可以是学校、大学或者其他高等教育研究所等提供的课程或讲座），而且能够参加工作场所的正式或者非正式的在职培训。为此，制定了国家课程标准，共有26所大学、400多家企业和1006名学徒参与其中。最近，第133 / 2008号法律规定，该“学徒合同”同样适用于博士研究生。试点结果表明，该项改革取得了很大的成功。改革后的学徒制具有以下几点创新，其“魅力”和“变革”尽显其中。

一、创新学徒制度，教育系统与经济系统联手合作

传统学徒制是以培养操作技能为主的技术工人服务的，因此，其主要依托经济系统，以技能培训的方式出现。而自从进入20世纪后期以来，复合型、高层次的技术工人或者直接称为“知识工人”的需求量越来越大，使之成为劳动力市场上对技术工人的主体需求。

正是顺应这一趋势，并针对意大利已有的教育和经济问题，本次改革使学徒制彻底脱离了以往低层次、技能型、非正规的传统形象，与正规教育

系统联手，并将其纳入正规学制体系，成为具有踏入高等教育权利的新型学徒制度。

二、创新培训计划，大学和企业独家定制

在制订整个培训计划时，特别强调工作是学习不可或缺的一部分，并且将这两个部分有机地整合成为一体，由大学和企业经多次协商达成。一般来说，至少有两次协商过程：第一次聚焦于框架的协商；第二次则是大学和企业就学习内容进行磋商，地区政府参与协调。

在这一机制下，最难能可贵的是这些参与者一同就某一个体制订个性化的培训方案，也就是说，每个参与者拿到的培训方案都不尽相同。这种把“度身定制”理念付诸于实践的尚属为数不多。其好处显而易见，个体可以获得最适合自己的培训计划，自然而然，其有效性将大大增加，辍学率就大大降低了。

三、创新学习内容组织形式，项目化工作引领学习

在高等学徒制当中，所有的活动都聚焦于学习，即使工作也是为了学习而设。基于这一理念，为了更好地促进学徒的学习，整个培训计划都采用项目化的工作和任务的形式整合所有的学习内容，无论是在大学进行，还是在工作场所进行。这种学习内容的组织方式同以往的区别非常大。以往大学中的学习总是围绕着学科知识展开，不可能以企业的工作项目为核心展开。这一改革，事实上是使得知识的呈现方式发生了结构性的变革，让学生能够在工作的知识结构当中学习知识，更有利于他们掌握和运用知识。

四、创新师徒带教，双导师共同指导

由于教育系统与经济系统的联手合作，在“师徒带教”的方式上也有条件和可能进行创新。“合同”规定一名学徒由来自大学和企业的教师和师傅共同带教，协同完成培训计划的项目工作，这种双导师制是在传统学徒制基础上的一大创新。其好处不仅仅在于多了一位导师，更重要的是，师徒带教重心的转移，传统学徒制当中，学徒通常是为了完成师傅的工作而作为助

手进行学习的；而该项改革当中，双导师是为了促进学徒的学习而联合的，不仅仅是为了完成某一位导师或者两位导师的工作，让学徒充当助手的角色。简言之，现代学徒制的重心从完成师傅的工作向促进学徒的有效学习转移了。

不可否认的是，上述这些创新都基于政府的大力推进，除了政策的导向之外，经费是一个重要的保障。一般来说，学徒收入占70%～80%的入职工资，这在整个欧洲算是非常高的，就与英国相比，英国的学徒仅能够获取一般工人入职工资的50%左右。由此可见，财政支持是增强该项目吸引力的重要支撑。

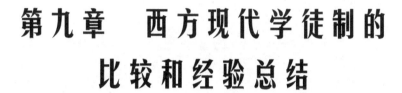

第九章　西方现代学徒制的比较和经验总结

第一节 西方现代学徒制的特征

虽然现代学徒制在西方各国的具体运作各有不同，但对比传统学徒制和职业学校教育，还是可以发现西方现代学徒制的典型特征，主要包括以下几点。

一、国家战略层面的制度管理

与传统学徒制相比，现代学徒制被许多西方发达国家视为重要的国家发展战略。为此，这些国家不但出台了相关劳动和教育的法律政策，还专门为学徒制提供了法律保障；同时，建立了相应的管理和监督机构，从制度上规范学徒制的实施。大多数西方国家的学徒制都体现了分权、分级和分块的管理思路。基本模式就是从中央出发，中央分权给地方，地方再实行分级管理；分权给行业，实行分块管理。一般来说，其组织和管理一般分为四个层次：中央部委是承担总体规划和领导的责任；然后由非部委的独立政府机构负责学徒制项目的开发与总体规范；学徒制的具体管理则由地方教育管理机构和行业组织负责；具体实施培训的是企业与职业教育机构。另外，许多国家还以多种方式向培训机构、雇佣企业以及学徒提供补助和培训经费等。

二、多元参与的利益相关者机制

西方现代学徒制的利益相关者较多，一般包括政府、企业、产业指导委员会、工会、学校、师傅、学徒等，甚至还出现了第三方培训或中介机构。大多数国家在多年的实践过程中，都逐步形成了至少包括政府、行业、工会和学校四方利益相对均衡的合作机制。在这之中，要特别提到的是行业和工会的力量，二者分别作为雇佣方和受雇方进行博弈，从而在保证满足企业需求的同时，去保证学徒的切实利益。

三、以企业为主、工学结合的人才培养模式

现代学徒制要求将学校本位的知识和理论学习与企业本位的技能学习相整合。学校和企业共同承担培养技能型劳动者的责任。但是，在西方现代学徒制当中，起核心作用的不是政府，不是培训机构，而是企业，这主要体现在两个方面：首先，企业是职业能力标准的主要制定者。现代学徒制强调培养职业能力，而职业能力的标准是由企业主导确立的。这是因为他们认为职业教育培养的人才毕竟最终是为企业所用，其培养规格应该体现出企业所需。而对企业用人需求最了解的，自然是企业和行业自身，而非政府行政部门或学校。其次，企业是学徒制培训的主要场所。虽然现代学徒制强调企业培训与学校职业教育的结合，但这两者的地位是不一样的，其是以工作本位学习为主的人才培养模式。职业学校或培训机构所起的作用是为企业技能培训提供理论基础教育，并补充具有较大可迁移性的普通技能和素养的教学。

四、以学徒为主的双重身份

在西方现代学徒制当中，学生具有双重身份，在职业学校是学生，在企业是学徒，并以学徒为主。青年首先要从企业获得学徒岗位，才可以进入现代学徒制项目，进而获得职业学校的学生身份，最后实现校企合作下的人才成长。一方面，“学徒”身份首先将学徒界定为“企业的人”，这样，企业对作为自己人的“学徒”投入教育与培训的主动权和积极性就更大，不会出现主要依赖职业学校的情况。另一方面，“学徒”又与企业正式员工不同，最主要的表现是学徒获得的是津贴，而不是工资，且收入较低。这样就降低了企业的培训成本，有利于保护企业，提高现代学徒制岗位的积极性。

五、统一规范的教育培训标准

现代学徒制是一种以企业为主体的职业教育与培训形式。在生产性的企业里，如何保证学徒能够接受充分、适当的职业教育与培训，而不仅仅是企业廉价的劳动力，是现代学徒制必须要解决的关键问题。目前，西方国家多数以统一规范的教育培训标准来控制现代学徒制的教育与培训质量。如德国的《职业培训条例》和《框架教学计划》、英国的《学徒制框架》、澳大利

亚的《培训包》都是由国家部委级单位颁布，在全国统一实施的学徒培训标准。这些文件对于学徒完成培训所应该达到的知识和技能水平，甚至教育与培训的内容和方式等，都做出了明确、细致、统一的要求。

六、与国家职业资格体系的融通

西方现代学徒制一般都与国家职业资格体系相融通，而这些国家的职业资格往往是被行业开发或普遍接受的。学徒拥有了这些资格，便获得了一种专业地位，使其在本行业找工作时，就拥有了相对的优势，从而可以增强学徒制的吸引力。

第二节 西方现代学徒制的经验

加拿大生活水平研究中心（CSLS）对近10个西方国家现代学徒制的实施情况做了较为充分的研究，并将其分成两个系统：一是以德国为典型，包括丹麦、奥地利、瑞士等国家在内的北欧系统；二是以英国为典型，包括爱尔兰、澳大利亚、加拿大等国家在内的盎格鲁－撒克逊系统。

一、北欧系统

德国的双元制是北欧系统的典型，被称为“现代学徒制”的典范，主要具有以下特征：

(一) 一体化法律保障

北欧系统最重要的特征是完善的立法体系。以德国为例，该国实现了私法和公法对于职业教育的一体化管理。早在1969年，德国就颁布了《职业教育法》，从法律层面明确了双元制的法律地位，严格规定了职业教育是每一个职工的终身教育，包括培训、就业、再培训、再就业等过程。同时，德国也规定了企业开展职业培训的总体要求、培训教员的资格、考试和监督制度、企业培训的组织结构等，各职业学校受到各联邦州颁布的州学校法的约束。德国职业教育将市场经济当中属于私法范畴的企业与属于国家公法范畴的国家与政府有机地结合在一起，实现了两种不同的法律规范体系在职业教育当中的一体化管理。

(二) 双元两段教育

“双元”是指两个教育主体，也就是培训企业和职业学校；“两段”是指整个培训阶段分别在企业和职业学校完成。在德国现代学徒制体系当中，职业教育是可以为企业带来经济收益的“企业行为”。企业设有专供学员培训的实习车间和生产车间，并配有专门的实训指导老师。学员在企业能够得到实践训练，掌握“怎么做”的技能，进行实训的时间约占整个培训时间的70%。职业学校是现代学徒制的另一教育主体，以理论教学为主，教授学生有关的基础理论和专业理论知识，解决学员在实践训练时“为什么这么做”的问题，同时兼顾普通文化知识的扩充和深化，使学员达到12年义务教育的要求，此类学习时间约占整个培训时间的30%。

(三) 三条经费渠道

在德国职业教育活动中，现代学徒制的教育经费来自三条渠道：企业、联邦政府及联邦州政府。其中，联邦政府承担总费用的17%，联邦州政府承担总费用的16%，这两级政府的资金主要用于保障教师的福利待遇，使公立学校的教师享受公务员待遇；企业承担总费用的67%，除购置培训设施、器材、原材料及学习资料之外，还要支付学徒在企业培训期间的生活津贴和实训教师的工资。为保护企业的积极性，国家还要对提供培训岗位的企业给予3000欧元的一次性补助。

二、盎格鲁－撒克逊系统

在盎格鲁－撒克逊系统当中，澳大利亚是现代学徒制成功本土化的代表国家之一。澳大利亚于1996年引进新学徒制，后将学徒制与受训生制合并，称为“新学徒制”。1999年，澳大利亚开始实施新学徒制计划，目前有超过42万人参加了新学徒培训。2011年，新学徒制又更名为“澳大利亚学徒制”(Australia apprenticeship)。

(一) 三个“一”定大局

一个国家框架：1995年，澳大利亚教育、就业、培训和青年事务部长会议制定了澳大利亚资格框架(AQF)，将职业资格与教育、就业及培训联系在一起，建立了认可资格证书和学分转换的国家权威体系。一套国家标准：澳大利亚职业培训标准和能力标准由相关行业的能力标准委员会确定，主要由八级不同的能力水平构成能力标准体系(Australian Standards Framework, ASF)，表达格式统一，分类详尽，可操作性强。一个国家认证体系：澳大利亚的国家职业技能认证体系由“培训包”(简称“TP”)和职业认证框架(简称“AQF”)共同构成。根据这个认证，学徒完成培训后即可获得全国认可的与学历文凭互通的资格证书。成绩优秀者可以获得高级文凭，并进入高等职业院校或普通院校学习，培训成绩和证书可作为被认可的学分，避免了重复培训。

(二) 一元主导、多元主体

新学徒制培训的主导者是澳大利亚政府，其主导作用通过培训服务中心来实现。各州和地区设立了300多所新学徒制培训服务中心，免费向社会提供服务，帮助培训机构和学徒达成培训协议，并获得政府的财政资助。服务的具体内容包括：为学员提供拟从事行业和职业的相关资料，帮助学员寻找适合自己的培训机构，协助学员填写必备的表格，合理安排培训内容、时间和活动，签订培训合同，落实学员学习培训期间的福利待遇和工资等事宜。为吸引社会力量支持职业教育，澳大利亚敞开培训大门，只要经国家培训局认可，个人、企业、机构及学校都可承担学徒培训，并获得政府的经费支持，对于招收学徒的企业还给予税收优惠。技术与继续教育学院(TAFE)是新学徒制培训的主力军。多元化的培训主体在培训经费投入、培训质量保障等方面发挥了重要作用。

(三) 市场导向的拨款制度

市场导向是澳大利亚学徒制的主要特征。首先是用户市场，澳大利亚学徒制以人为本，实施“用户选择”，学习者可以根据自己的实际情况选择学习时间、地点、方式、内容、教师和考核办法等。政府的经费随着受训者下拨到用户选择的院校。如果雇主和学员对培训机构提供的服务不满意，则可以转到其他机构，经费也随之转走。“用户选择”促进了培训机构之间的竞争，有利于提高培训质量。其次是用人市场，政府重点支持人才市场急需职业的培训，提供的拨款也高于其他职业。如对社会短缺的印刷工人的培训，按照每小时10元的拨款标准，而一般的商业培训每小时只拨款5.5元。同时，学员的就业率和收入水平的高低也决定了培训机构获得政府资助的多少。

第三节　西方现代学徒制的挑战与发展趋势

一、西方现代学徒制存在的问题与挑战

虽然学徒制在现代环境中得到了重生，但现代学徒制是否就是有效培养技型人才的出路，目前仍然不能得出乐观的答案。西方许多国家在实施现代学徒制时遇到的典型问题包括以下几个方面：

1.企业提供学徒岗位的意愿与数量难以保证

即使是在有着较好职业教育传统的德国，近些年来，也出现了企业提供的学习岗位数不足的问题；而英国也不得不以私立的培训机构作为折中策略。

2.高等教育大众化对于学徒制的冲击

由于社会经济及民主的进步，人们受教育的权力得到了前所未有的彰显。更多的人选择了高等教育，而在许多情况下，普通中等教育是学生进入高等教育的主要渠道，从学徒制进入高等教育的机会较少，这就使得进入现代学徒制系统的生源情况难以保证。另外，现代学徒制并不是可以接受一切人而不需要门槛的技能培训项目，学徒不具备基本的前提，最终往往就只能

中途辍学。正是由于学徒制生源不佳，导致现代学徒制培训的质量（体现为学徒制的完成率）也不乐观。如在英国，学徒当中只有一半左右的青年人完成学徒培训或者获得了相关职业资格证书；而在澳大利亚，虽然自实施新学徒培训制计划后，学徒与接受培训的学生人数持续增长，但与此同时，培训者的辍学人数也在逐年增长。

3.通用技能培养与学生可持续性发展的挑战

随着科技的快速发展以及经济全球化的影响，一个人一生变换职业的频率或者更新职业技能的要求在不断增加。虽然学徒制能够很好地培训岗位特定技能，但如何解决通用技能的学习、技能的迁移性（transferability）以及学生的可持续性职业生涯发展，则是现代学徒制教学模式不得不面对的技术难题。

二、西方现代学徒制的发展趋势

为了应对这些不断变化的形势，近些年来，西方国家仍然在不断改革现代学徒制，并且表现出了一些共同的发展趋势：

1.学徒制的对象扩大

在中世纪的行会学徒制当中，学徒的年龄一般在12～21岁。而在现代，由于学校义务教育的推行，学徒的起始年龄也在不断增长，同时，参加学徒制的年龄上限正在逐步取消。20世纪60年代，德国的双元制还只是面向初中水平的毕业生（约16岁）。但到了20世纪70年代中后期，德国的双元制就出现了高移的现象。高等职业教育当中的职业学院也提供了双元制的培训项目。现在，德国进入学徒制的平均年龄已经变成了18岁。法国有一半的学徒年龄在18岁及以上，丹麦的学徒通常都在18岁以上。澳大利亚也在1992年去除了学徒制仅限青年人的限制，允许成人参加。在英国，1994年启动现代学徒制时，它的对象还只是16～25岁的青年，并主要针对16～17岁的中学毕业生。但在2004年再次启动新学徒制项目时，英国不仅去除了25岁的年龄上限，同时还建立了面向14～16岁青年的青年学徒制项目。另外，传统学徒制的主要对象是男性，而在现代学徒制当中，女性所占比例也越来越大。如从1996年到2001年，澳大利亚的学徒人数从16.33万人增加到了32.96万人，增长了101.8%，其中，女性的增长率为239.9%，女性已经约占学徒总数的1/3。换言之，西方国家的现代学徒制几乎是面向完成义务教育后的所有人。

2.从传统行业向广泛的职业领域扩张

在过去，学徒制主要集中在传统行业，如手工业、建筑、金属制造等。然而，随着产业结构的调整，一些传统行业正在逐步萎缩，而另一些新兴行业（尤其是第三产业）的劳动力需求则在不断增加。为了满足劳动力市场的技能需求，同时，也为了使学徒制更具现代性，西方国家越来越多地将学徒制向更广泛的职业领域推广。事实上，近些年来，许多国家参加学徒制人数的大量增加，正是由于新职业领域中的学徒制。1994年，英国启动现代学徒制计划时就已经在14个部门试行，包括农业、园艺、商业管理、化工、育儿、建筑、信息技术和零售业等。到了1995年，这个计划又扩展到了54个行业当中，1997年，已经有72个不同的培训框架。现在的英国学徒制涵盖了十大领域：农业、园艺与动物养殖，艺术、媒体与出版，建筑、规划与环境，教育与培训，工程及制造技术，健康、公共服务与护理，信息及通信技术，休闲、旅游与观光，零售与商业企业。而澳大利亚学徒制注册人数的大量增加，也被认为主要归功于学徒制向新职业领域的渗透。如1995—2004年学徒注册数的增长就主要来自非传统学徒制行业的中级文员、销售和服务劳动者，以及中级生产和运输劳动者，这三个群体的学徒注册人数增长了19.26万人，占学徒注册人数增长的68.5%。

3.学徒制项目的阶梯化和模块化

为了增加学徒制的专业性和吸引力，阶梯化（laddered）和模块化（modularization）似乎成了西方国家现代学徒制改革的一个重要方向。其中，英国是一个典型。其将学徒制与国家职业资格（National Vocational Qualifications，简称NVQs）体系挂钩，分为前学徒制、学徒制、高级学徒制及高等学徒制，分别对应于NVQ的1.4级。法国也有相当于英国NVQ2. 5级的学徒制体系，荷兰的学徒制分层则相当于英国NVQ的2.4级，在这两个国家当中，从一个级别上升到另一个级别，通常采用“2年+2年或2年+2年+2年”的模式。这样，学徒制项目之间便形成了阶梯，突显了不同学徒制项目的层次性和专业性，也方便了学徒个性化地选择适合自己能力水平与期望的学徒制项目。

另外一个增强学徒制项目个性化的方式是将学徒制模块化。英国当前进行的资格与学分框架（Qualifications and Credit Framework，简称 QCF）改革，就将包括学徒制在内的所有学习以学习单元的形式记入学生的学分系统，不同项目当中的相同学习单元可以互认。在丹麦，提供学徒制项目的职业学院允许学生在规定的最短和最长学习时间之内灵活地完成学徒制。学院的课程按照基础课、领域课、专业课以及选修课来安排课程，专业课是按照地方企业的需要而设置的，以满足企业需要，而选修课则是为了满足学徒个人的兴趣。德国在2005年重新修订的《联邦职业教育法》中明确提出了在职业教育领域实施模块化改革。次年，德国工会联合会联邦会议通过决议，在双元制培训过程中承认模块培训时间。2007年，德国联邦教育部的《教育与职业培训模块化及组合式培训系统辩论会提要总结报告》又提出，德国联邦教育与研究部（简称 BMBF）将与联邦职业教育研究所（简称 BIBB）合作，在其后的三年里，为双元制内部的模块化改革提供便利。

4.学徒制与正规教育系统的整合

近几十年来，由于社会经济及民主的进步，人们受教育的权利得到了前所未有的重视和满足，普通教育在不断扩大，尤其是高等教育大众化的趋势，使越来越多的人倾向于选择普通教育。这就使得正规教育体制之外的学徒制的吸引力下降，生源也受到了影响。为了增加学徒制的吸引力，同时，也为了提高学徒制的地位，近些年来，许多西方国家都努力将学徒制与正规教育系统进行整合，承认学徒制与普通教育相等的地位，同时，也为学徒搭建继续接受正规学校教育的通道，使学徒拥有更加灵活及多元的职业生涯发展道路。如法国政府规定，学徒必须学习全国认可的职业资格证书，这些资格证书与全日制教育颁发的证书等值。1993年的立法又将这一原则扩大到法国所有等级的资格和证书，其中，包括第一学位（first degree）。这些举措提高了法国学徒制的地位。在英国，学徒制也与基础学位（Foundation Degrees，简称 FDs）联系在了一起，完成高等学徒制，就有获得基础学位的机会。另外，当前英国政府还正着力于使学徒制课程和学分能够得到高等教育承认的改革。

5.注重基础理论与通用技能的培养

在自由的劳动力市场当中，经常会有这样的情况发生，即一些公司本身不投入培训，只是将其他公司培训好的员工挖走，流失员工的公司并没有因为投入培训而得到回报，而挖到员工的公司却白白享受了其他公司投资培训的成果，这被称为“偷猎外部性”。正是由于这种偷猎行为的存在，许多公司都不愿意对可迁移的技能进行培训，企业培训更倾向于只对本企业有意义的专项技能。然而，从个人发展的角度来说，随着科技的快速发展以及经济全球化的影响，一个人一生变换职业的频率或者更新职业技能的要求在不断增加，这就对于可持续性发展发起了挑战。在现代学徒制当中，如何运用国家干预，与企业制衡，保障学徒的可持续性发展，就成了决策者必须要考虑的问题。为此，西方各国在现代学徒制中，都越来越注重对学徒基础理论和通用技能的培养，几乎所有国家的现代学徒制中都必然包括了普通教育与技术理论教育的部分。比如，德国双元制当中，如果学徒不具备普通中学证书，就必须参加全日制职业学校或基础职业培训年（简称 BGJ），接受职业基础教育，才有资格进入双元制。英国的每个学徒制框架都要求包含能力本位要素（即职业技能）、知识本位要素（即技术理论基础知识）以及关键技能要素。学徒还被要求在完成学徒制时，不仅要获得国家职业资格，还必须获得技术证书和关键技能证书。荷兰 1996 年的职业教育改革也规定，学徒制项目必须包括三个维度：社会 / 文化的、普通 / 技术的（确保继续学习的可能）以及职业的。这些措施的目标其实都是为了保证学徒能够学习到更加广泛的职业能力，从而为技术和职业的变化做好准备。

6.第三方培训 / 中介机构的出现

双元制是西方现代学徒制的经典。它之所以称为“双元制”，主要是指学徒既在企业，又在学校进行学习和培训，企业与学校是西方现代学徒制的两大主体。然而，由于全球化和市场经济的影响，企业提供学徒岗位的意愿与数量越来越难以保证。就算是在双元制传统悠久的德国，1990 年开始还是出现了学徒制岗位供不应求的状况。为此，在西方现代学徒制当中，越来越多的国家出现了除了企业和学校外的第三方培训机构。这些机构或是起到联系企业与学徒的作用，或是直接承担起了教学与培训任务。在德国，据估计，有 30%的学徒是与政府所设立跨企业培训中心签订的培训协议，他们在跨企业培训中心接受了集中训练后，再到各企业的劳动岗位上进行实际操作。而在英国，学徒制岗位的提供就是以准市场为特色，即由营利性的培训公司与政府签订合同，来寻找所需要的企业学徒岗位。英国仅有3%的学徒是由雇主直接招募并培训的，剩下的则全部是通过培训公司或其他非营利的培训机构而获得学徒岗位的。在澳大利亚新学徒制当中，集团培训公司（Group Training Companies，简称GTCS）也是一个重要的机构，它们向企业推荐学徒，安排学徒的脱产培训，并以此获得政府的财政资助。1998年，由集团培训公司雇用的学徒占总学徒数的13.9%。因此，甚至有人说，双元制似乎要变成“三元制”了。

第十章　对我国职业教育的借鉴

第一节　我国现代学徒制的现状与问题

我国现代职业教育在快速发展过程中也面临着校企合作不紧密等突出问题。所幸西方现代学徒制在职业教育当中发挥的关键作用，给我们带来了启示和信心。如何构建具有中国特色的现代学徒制成为我国当前职业教育关注的热点。国家和地方也陆续出台了关于开展现代学徒制试点工作的意见和方案，一些职业院校积极探索试点工作，学者们更是将现代学徒制作为研究的重点。纵观已有的相关研究，主要集中在现代学徒制的意义、价值、内涵、特征、类型、相关主体、实现路径、个案研究以及其他方面。首先需要了解的是我国学徒制的发展历史。

一、国内学徒制发展史

(一) 中华人民共和国成立前的学徒制

关于中华人民共国成立前的学徒制，主要有民间学徒制、官营学徒制和行会学徒制三种形态。

1. 民间学徒制

与西方国家一样，我国的职业教育也是起源于在个体家庭中父子之间的技艺传承。在那时，技艺的传承和家族的制度 (家规) 是可以被称作一个整体的。比如春秋时期的齐国就规定，“士之子桓为士”“农之子桓为农”“工之子桓为工”“商之子桓为商”，也就是说，士农工商的子弟要子就父学、弟从兄学。通俗地来讲，就是你的父亲、你的祖先是做什么的，你就和他们学习什么技术，继承他们的手艺，继续将祖辈的职业做下去。管子也曾经论述了这种子承父业的职业教育，并且认为其是有好处的，“旦昔从事于此，以教其子弟，少而习焉，其心安焉，不见异物而领焉。是故其父兄之教，不肃而成其子弟之学，不劳而能。夫是，故工之子常为工”，具体可见《管子·小匡》。到后来，“传道授业”也开始不仅仅局限于自己本家族的后人，而是逐渐地打破了家族范围。于是，我国的民间学徒制也随之产生了。之所以会出现这种情况，其实原因有很多，最常见的情况大多是因为匠师绝技在身，却家无传人，为了不让自己的手艺后继无人，就会选择学徒，来培养自己的继承人。当然，也有其他原因，像是作坊生产人手不够，所以会收取若干学徒帮忙；也有一些学徒因为天资聪颖，心地纯良，师傅则被其诚心拜学所感动；而且也有很多贫困人家无所生计，没有钱来养育孩子，就会拜托师傅收留学艺。

这种民间学徒制在我国众多的古代典故当中经常出现，比如战国时期扁鹊跟着长桑君学医道，到后来又另外招收了许多学徒，有史实可考的有子阳、子容、子豹、子明、子游、子越等人，就连三国时期华佗的高足也有吴普、樊阿、李当等人；而被誉为木工祖师的鲁班也招收过众多弟子，我们所说的成语“有眼不识泰山”中的“泰山”指的就是鲁班的弟子。

不过，当时的民间学徒制完全是师徒之间的私人约定，是不受任何正式组织所约束的，一般在开始时会举行正式的拜师仪式，然后由学徒跟着师傅边学习边工作，在这样学习若干年后，如果能够受到师傅的认可，便可出师，出师后学徒往往还需要无偿地为师傅工作一段时间，通常都是一年，在报完师恩后便可谢师，开始独立营业。

直到现在，我国许多的农村地区和传统手工业还大量存在这种形态的学徒制。但是，在这两个领域中，保留学徒制的原因其实是不同的。

农村地区之所以保留大量民间学徒制，主要是因为对于本就生活贫困，又缺乏可利用的免费教育资源的农民来说，既可以学习一门手艺，又可以赚钱的学徒制，是多快好省地谋取一技之长的方式。当然，民间学徒制在传统手工业当中的存在，更多的可能是出于对祖传绝活的保密。

2. 官营学徒制

我国古代手工业技艺的传承除了家传和民间学徒制之外，还有官派学徒制。其随着官营手工业作坊的建立和发展而形成和发展的。到唐代时期，这种官营手工作坊中的学徒制已经比较完善了。据相关记载，唐朝就设立了“掌百工技巧之政”的少府监和“掌土木工匠之政”的将作监两个职务，对于学徒的学习年限也依据工艺的复杂程度进行了明确的规定：“细镂之工，教以四年，车格乐器之工，三年平慢；刀架之工，二年矢链；竹漆层柳之工，半焉冠冕；弃愤之工，九月”（《新唐书·百官志》）。到了宋代，随着官营手工作坊规模的扩大，这种学徒制的发展更进了一步，实行了“法式”教授学徒的方法，也就是在总结生产经验的基础上，又编制了各种技术操作规范，其内容主要包括“名例”“制度”“功限”“料例”“图样”等。但官营学徒制也受到了王朝兴衰的局限，随着封建社会的没落和灭亡，官营学徒制也在我国的历史舞台上渐渐落下帷幕。

3. 行会学徒制

同西方国家一样，我国的行会学徒制也随着行会的建立而形成。中国的行会产生于唐代。由于时代、地区和行业的不同，我国行会组织的名称也并不一致，据有历史文献可考的名称就多达20多种，如行、团、作、会、堂、殿、宫、庙、阁、社、庵、院、馆、门、帮、祀、公等。到了清朝，行会组织发展盛况空前，据文献对北京、上海、汉口、苏州、重庆、长沙等近20个大中城市的粗略统计，从1655年到1911年，各地有手工业行会296个，商业公所182个，商帮会馆120个，总计598个。与西方行会组织一样，我国古代和近代的行会组织建立的主要目的也是为了控制竞争。这主要表现在学徒制上，也就是限制招收学徒。如清代广东佛山陶艺花盆行规就有规定“每店六年教一徒，此人未满六年，该店不准另入新人”“倘有外人投师学艺，年方三十余者，……一概不准其入行学艺”。但是除此之外，其实行会很少有对学徒培训的其他方面进行限制。

总体上讲，我国古代和近代的行会学徒制的情况大致如下：学徒多为贫穷人家的孩子，年龄在7~17岁；由家长托保人推荐学习某种职业学徒期限通常为3~6年；师傅所招学徒要“一进一出”，不可多招学徒，并在授课期内，学徒的衣食住行及医药费都由师傅负责。所以，一般的这些学徒，师傅都是在闲时教以技术，其他时候则是让学徒工作，而学徒的劳动所得也要归师傅所有，学徒满师后就称其为伙计或半作，这个时候的劳动所得就可归自己所有，等到伙计可以独立营业时，就成了师傅，就也有了招收学徒的资格。

20世纪初，随着早期的现代化进程，工厂生产逐步代替了手工作坊，行会垄断被打破，传统行会学徒制土崩瓦解，取代其进行的职业教育形式是各式艺徒学堂和实业学校。从此，我国走上了一条以职业学校为主要形式的职业教育发展道路。

(二) 中华人民共和国成立后的“学徒制”

1. 学徒培训

现代工业的早期发展、资本的原始积累、民族的内忧外患，是包括民间学徒制和行会学徒制在内的旧式学徒制土崩瓦解的主要导火索。虽然“学徒制”这一名词仍然存在，但它已经越来越不能承担技能传授的教育功能，反而沦为了阶级剥削的工具，后来甚至还衍生出了比剥削性质更为明显的养成工制及包身工制。我国现代作家刘半农发表于 1918 年的诗歌《学徒苦》就反映出了旧社会学徒制的腐败：

学徒苦！
学徒进店，为学行贾；
主翁不授书算，但曰“孺子当习勤苦！”
朝命扫地开门，暮命卧地守户；
暇当执炊，兼锄园圃！
主妇有儿，曰“孺子为我抱抚。”
呱呱儿啼，主妇震怒，
拍案顿足，辱及学徒父母！
自晨至午，东买酒浆，西买青菜豆腐。
一日三餐，学徒侍食进脯。
客来奉茶；主翁倦时，命开烟铺！
复令前门应主顾，后门洗缶涤壶！
奔走终日，不敢言苦！
足底鞋穿，夜深含自补！
主妇复惜灯油，申申咒诅！
食则残羹不饱；夏则无衣，冬衣败絮！
腊月主人食糕，学徒操持臼杵！
夏日主人剖瓜盛凉，学徒灶下烧煮！

学徒虽无过，“塌头”下如雨。
学徒病，叱曰“孺子贪惰，敢诳语！”
清清河流，鉴别发缕。
学徒淘米河边，照见面色如土！
学徒自念，“生我者，亦父母！”

——一九一八年一月十八日，北京

自中华人民共和国成立后，我国对于学徒制进行了全面的改造，去除学徒制中的剥削成分，增加保障学徒基本权力的规定，同时，“学徒制”的称呼也不再使用，取而代之的是“学徒培训”。1958年2月，国务院发布《关于国营、公私合营、合作社营、个体经营的企业和事业单位的学徒的学徒期限和生活补贴的暂行规定》，首次对学徒培训进行了较为全面的规定：学徒应当为16周岁以上；学徒期限原则上为3年，对于个别学徒资质优秀的情况，培训时间也不得少于2年；学徒由所在单位按月发放生活补贴，发放标准按照当地或本行业一般低级职工的伙食费加少许零用钱；学习期满需经考试合格转为正式工人或职员；师徒之间应当签订合同，写明学习期限、内容、生活待遇等，在当时，学徒培训仍然是我国培养技术型人才的主要方式。

据统计，从1949—1959年，仅工业、建筑、交通等12个产业部门，就培养了新技术工人837万人，其中，技工学校培养的仅为45万人，其余797万人都是通过学徒方式培养的，占总数的95%。

然而，1958年，许多工厂大量招收学徒工，学徒只接受了几天的学习就需要入厂教育，随后就被分配到各个岗位上从事生产劳动。“文化大革命”开始后，学徒培训更是名存实亡，许多企业甚至自行缩短或变相缩短学徒培训期限，学徒培训开始无人管理，便受到了很大的破坏。

直到1979年之后，学徒培训制度才逐渐恢复。1981年5月，国家劳动总局颁布《关于加强和改进学徒培训工作的意见》，规定表示，招收学徒要坚持德智体全面考核，择优录取；学徒应当具备初中毕业以上的文化程度，年龄为16~22周岁；学徒的学习期限依工种技术复杂程度而定，一般为3年，不得少于2年；学徒培训期间，学习技术理论知识的时间不少于1/3；学徒考核分为平时、学年和期满三种，考核合格者才能转正；必须签订师徒合同，实行包教包会；企业如有条件可以建立学徒培训车间或工段和班组，组织学徒集中学习，要给学徒定期轮换产品或操作岗位，使之掌握多种操作技能；学徒的生活补贴标准则由各省、市、自治区根据城乡的不同消费水平，按照学徒年资加以规定。

但是，直到20世纪80年代末，我国的学徒培训仍然与西方工业化初期的工厂学徒制类似，并没有发展成为企业培训与学校教育有机结合的现代化学徒培训制度。1992年，劳动部颁发了《贯彻国务院关于大力发展职业技术教育的决定的通知》，其中指出要改革学徒培训，将招收学徒工逐步改变为招收定向培训生，在企业进行操作训练，在职业技术学校、就业训练中心等培训机构进行专业技术理论学习和基本功训练。至此，我国正式的“学徒培训”才逐渐显现出了西方现代学徒制的基本特征，但是，现如今只有很少的企业还在继续提供学徒培训。主要有以下几点原因：

(1) 我国历史演变所产生的路径依赖更青睐于学校职业教育而非学徒制。与西方国家相比，历史上，我国学徒制的制度水平一直比较低，主要体现为行会组织的分散性，使我国行会一直未对学徒制形成强有力的统一管理规范，也没能够通过团体的力量掌握职业教育发展的话语权。同时，我国历史上也并未出现过对学徒制的各方面都进行规范的立法学徒制，由此便产生了我国近代以来学徒制渐行渐弱的发展趋势。加之我国的学校职业教育发起与其他国家相比极为落后，并面临外忧内患之时，它则被作为先进和民主的标志被摆上台面，使人们对学徒制的扬弃显得更加有些矫枉过正，发展职业教育的思路就此集中于职业学校本位的正规教育，并一直延续了下来。

(2) 当前学徒制形态落后，不能满足企业和受教育者的需要。从基本特征上看，我国学徒制还停留于大工业初期的水平，其主要是对于劳动密集型岗位的简单技能培训。这种学徒制缺乏有效的技术理论教育，只限于简单反复的技能操作训练。企业不需要这样的学徒制，因为对于一些简单操作的工作任务而言，企业只要招聘农民工就可以胜任工作，且劳动成本较低，对于技术程度较高的工作任务，这种学徒制培养不出来，即使能够培养出来，其效率也实在太低。另外，从市场经济的角度考虑，在当前制度不完善的情况下，企业还存在被其他企业“偷猎外部性”、培训成本又无法收回的风险，这就更使得企业不愿意开展包括学徒制在内的企业培训，而是选择直接从劳动力市场或职业学校招聘技术员工。受教育者也不需要这样的学徒制，因为学徒往往学不到一技之长，只是被当作廉价劳动力，学徒还会因此需要承担许多机会成本，如职业生涯前景不明，不能获得劳动力市场流动需要的文凭或职业资格等。

(3) 我国文化价值观对学徒制有负面影响。一方面，在我国历史上，一直有重普通教育而轻职业教育、重正规学校教育而轻非正规教育的传统，所谓“万般皆下品，唯有读书高”，老祖宗的话至今还在耳边回响。另外，在我国近代历史上，学徒制确实曾经被沦为阶级剥削的工具。因此，在人们的观念当中，学徒制往往是带有阶级性的，并将其与剥削和落后联系在一起。这些文化价值观因素都使得人们更青睐于正规的学历教育，而不是非学历的学徒培训。然而，这并不是完全否定了我国发展以工作本位为主的职业教育模式的可能性，而只是说，我国工作本位职业教育的发展路径可能与西方国家不同，西方学徒制的发展是一脉相承的，但在我国，直接从现在的学徒制来发展并形成以工作本位为主的职业教育，是存在着很大难度的。所以，以目前的情况来分析，还是应该通过将学校本位职业教育“现代化”，使其向工作本位职业教育的逐步靠近，最后再转化为以工作本位职业教育为主、学校职业教育为辅的形态才是真正实际和有可能的。

2. 技工学校

技工学校是我国学习苏联经验而建立的一种将企业在岗实践与学校理论学习相结合的职业教育形态，其明显带有西方现代学徒制的基本特征，由产业部门领导校企合作紧密甚至“前校后厂”“校厂合一”，实践与理论学习的比例在1∶1以上；学生免费学习还可获得一定补助。在中华人民共和国成立以来的几十年里，技工学校的发展也是起伏不平，具体情况可参见表10–1，大致可以分为以下几个阶段。

表 10–1 1949 —1980 年技工学校数和学生数（信息来源于教育部网站）

年份	1949	1950	1951	1952	1953	1954	1955	1956	1957	1958	1959	1960
学校数（个）	3	3	12	22	35	65	78	212	144	417	744	2179
学生数（万人）	0.27	0.36	0.64	1.5	2.4	4.4	4.8	11.1	6.6	16.9	28.0	51.7

续表

年份	1949	1950	1951	1952	1953	1954	1955	1956	1957	1958	1959	1960
年份	1961	1962	1963	1964	1965	1971	1974	1976	1977	1980	1982	1983
学校数（所）	1507	155	220	334	400	39	905	1267	1333	3305	3367	3443
学生数（万人）	40	5.95	7.8	12.3	18.3	0.85	13.6	22.1	24.3	70.0	51.2	52.5
年份	1984	1985	1986	1987	1988	1989	1990	1991	1992	1993	1994	1995
学校数（所）	3465	3548	3765	3952	3996	4102	4184	4269	4392	4477	4430	4521
学生数（万人）	62.8	74.2	89.2	103.1	116.1	125.8	133.2	142.2	155.6	171.7	187.1	188.6
年份	1996	1997	1998	1999	2000	2001	2002	2003	2004	2005	2006	2007
学校数（所）	4467	4395	4362	4098	3792	3490	3075	2970	2884	2885	2880	2995
学生数（万人）	191.8	193.1	181.3	156.0	140.1	134.7	153.0	193.1	234.5	275.3	320.8	367.1

(1) 初建期 (1949—1957年)。

自中华人民共和国成立后，我国对于原先的职业教育体系进行了全面的改造。当时的职业教育体系非常薄弱，技术力量严重缺乏，难以满足我国大规模经济建设的需要。特别是1953年，我国开始实施第一个五年计划，兴建156项重点工程，所以培养技术工人成为当务之急，技工学校就是在此背景下发展起来的。

为了加快技工学校的建设和发展，1953年，国家政务院决定由劳动部对技工学校进行综合管理。1954年4月，劳动部制定了《技工学校暂行办法(草案)》，对技工学校的性质、管理和教育教学进行了全面的规范，为我国技工学校的发展奠定了基调。规定包括：各产业管理部门根据本部门对技工的需要而设立技工学校；技工学校以培养四级技工为主；学习期限一般为两年；招收高小毕业或高于高小文化的16～23周岁青年；技工学校由各产业管理部门依据情况分别委托所属专业局 (公司) 或厂矿的直接领导；技术实习占50%～60%，技术理论、政治、文化、体育等课程共占40%～50%；技工学校学生生活的待遇采取人民助学金制；当学生毕业时，由主管部门(公司)、用人厂矿、地方劳动部门和学校的人员组织的考试委员会组织考试，合格者由主管产业部门颁发毕业证书；毕业生由产业管理部门分配工作。

1956年，劳动部颁布的《工人技术学校标准章程（草案）》又进行了若干修改；规定工人技术学校的开办和停办，须经劳动部审查批准；工人技术学校的培养目标是四级和五级技术工人。同年，中共中央转发了劳动部《关于加强省市委对技工学校领导的建议》，并批示："办好技工学校是满足国家工业建设对于技术工人需要的一项非常重要的工作，目前，各地技工学校的状况必须迅速加以改善"。同年11月20日，人民日报也发表了社论《技工学校要抓紧领导》。1957年，技工学校数量达到144所，在校学生人数见表10–1。

(2)波折期(1958—1977年)。

从1958年到1977年，技工学校的发展进入了波折期，具体的表现大多是因为数量上的变化，忽增忽减的数量，让质量也受到了一定程度的影响。

1958年，为了配合生产劳动的需要，技工学校数量猛增。到了1960年，全国技工学校数为2179所，在校学生数也能够达51.7万之多。然而，许多学校其实并不具备办学条件，在教学过程中也片面强调生产劳动，而忽视理论知识和基本技能的培训，"以干代学"的情况比较普遍。1961—1962年，教育部连续召开了三次调整会议，技工学校也被要求大幅裁员与合并，因此，数量骤减。期间，劳动部发布了《技工学校通则》《技工学校学生的学习、劳动、休息时间的暂行规定》和《技工学校人员编制标准（草案）》三个文件。到了1962年，技工学校数仅剩155所，在校学生5.95万人。

随着国民经济的全面好转，1963年7月和1964年1月中共中央又分别发布了《关于调整初级中学和加强农业、工业技术教育的初步意见（草稿）》和《中小学教育和职业教育七年（1964—1970规划要点初步草案）》，决定继续发展包括技工学校在内的职业教育，使技工学校得到了恢复和发展。同时，在中央"两种教育制度、两种劳动制度"方针的指引下，许多技工学校改为半工半读学校，并且中央将技工学校的综合管理工作从劳动部划归到教育部。

在"文化大革命"初期的1966—1970年，职业技术教育受到了严重破坏，包括技工学校在内的各类学校被大量撤销、停办或改为工厂。直到1970年6月，国家采取了一系列的教育整顿措施，技工学校才得以逐渐恢复。到了1976年，技工学校的学校数和学生数纷纷超过了“文化大革命”前的水平，技工学校数量达1267所，在校生人数达22.1万人，不过，这一时期技工学校的教学质量普遍较低。

(3) 恢复期(1978—1984年)。

1978年“文化大革命”结束，职业教育领域也进行了全面的拨乱反正。2月11日，劳动部发布了《关于全国技工学校综合管理工作由教育部划归国家劳动总局的通知》，重新确立了劳动部门对于技工学校的领导和管理权。在1978年的全国工作会议上，邓小平同志提出要考虑各级各类学校的比例，还特别指出要扩大农业中学、中等专业学校和技工学校的比例。1979年9月，国家经委和国家劳动总局联合发出了《关于进一步搞好技工培训工作的通知》，在通知中重点提出，在三年的调整时间内，技工学校的工作任务是“积极调整，稳步发展，切切实实地办好，在提高质量的基础上，逐步增加数量。”1980年10月7日，国务院批转了教育部、国家劳动总局《关于中等教育结构改革的报告》，再次明确提出要“积极发展和办好技工学校”。在提高教学质量方面，1982年3月1日，国家经委、国家劳动总局印发了《关于加强技工学校生产实习教学工作的几点意见》，强调生产实习教学是技工学校的一门主课，必须抓紧。经过这一时期的恢复和调整，技工学校的办学规模和办学质量基本得到了保证，到了1982年，全国技工学校总数达3367所，在校生有51.2万人。

(4) 改革期。

经过20世纪70年代末至80年代初的恢复和调整后，直到现在，技工学校的规模基本保持了稳中有升的态势。但是，我国经济和社会在改革开放以后的巨大变化，使技工学校的发展在面临机遇的同时，更面临着挑战。1985年后，“改革”成了我国技工学校发展的关键词。

1985年8月5日，劳动人事部印发的《关于技工学校改革的几点意见》进一步强调，技工学校要突出操作技能训练，搞好生产实习教学，建立实习工厂，搞好厂校挂钩，组织学生下厂实习；建立了实习工厂的技工学校要在保证生产实习教学的基础上，进一步加强生产经营管理，重视经济效益，通过生产增加学校收益。1986年11月11日，劳动人事部、国家教育委员会正式颁布《技工学校工作条例》，在该项条例当中规定了各级产业部门、劳动人事部门以及各厂矿企业和事业单位是办学主体；培养的目标主要是中级技术工人，主要招收初中毕业生；学制三年，毕业生按照“三结合”方针就业。1989年5月10日，劳动部又印发了《关于技工学校深化改革的意见》，强调技工学校都必须建立实习工厂，并争取在1995年达到每个学生上生产实习课时都有一个工位，毕业生实行学校毕业证书与技术等级合格证书的“双证书”制度。另外，随着我国产业技术装备的快速升级，对高级技工的需求日益迫切。如果说20世纪80年代时期，技工学校改革的侧重点是教育教学的话，那么从20世纪90年代开始，技工学校的改革重点无疑转移到了招生和管理制度方面。1993年9月，劳动部再次下发了《关于深化技工学校教育改革的决定》，明确提出技工学校自主招生，毕业生自主择业。1996年11月，劳动和社会保障部发布了《技工学校“九五”时期改革与发展实施计划》，进一步放宽了技工学校的招生对象，允许招收企业职工或其他成人学员入学，实行“宽进严出”和学分制的办法。1998年，国务院下达了《关于调整撤并部门所属学校管理体制的决定》，原机械工业部等9个部门所属的46所中专学校和技工学校划转地方管理。

2000年2月12日，国务院批准了教育部、国家计委和财政部《关于调整国务院部门（单位）所属学校管理体制和布局结构实施意见》，其中规定193所技工学校的人、财、物和基本建设继续由举办单位负责和管理，教育业务则按照归属地原则归口地方教育部门管理。2000年5月12日，劳动和社会保障部再次发布了《关于加快技工学校改革工作的通知》，目标是“加快技工学校等职业机构的调整与改革工作，力争通过3年左右的努力，基本形成职业培训机构新格局”，具体策略包括鼓励和引导各类技工学校、就业训练中心和其他职业培训机构，通过联合、合并、协作等方式，创建职业培训综合基地或职业培训集团；指导行业或企业举办的技工学校通过联合、分离、转制、撤销等方式进行改组；推动县办技工学校和就业训练中心合并，从此实现资源共享，发挥规模效益；进一步将高级技工学校在优质的高级技工学校建立成功的技师培训基地。

然而，当前技工学校仍然面临着许多困境，特别是“条块分割式”的管理体制，使技工学校处于“表面上多头管理，实际上无人管理”的尴尬处境，招生困难、办学硬件条件差、教师队伍老化等情况严重影响了技工学校的教学水平。以上海为例，据上海市劳动和社会保障局的保守估计，在上海的技工学校当中，办学水平一般或较差的学校至少要占总数的30%。另外，特别需要指出的是，由于缺乏与产业部门之间的紧密联系，如今的技工学校与工厂企业之间的合作已经没有以前那么紧密了，也导致了对于保证学生拥有足够的高质量的生产和实习机会的承诺越来越不容易实现。或者也可以说，如今技工学校的“西方现代学徒制”特征正在逐步减弱。

3. 半工半读教育实验

半工半读教育实验改革兴起于20世纪50年代末，但是，到了60年代中期，基本上就已经结束了。虽然这种“半工半读”的职业教育形式具备了西方现代学徒制的基本特征，也就是将工作本位与学校本位学习相结合的模式，但是，归其根本，它的真正起源和结局却与西方学徒制不尽相同。

这场半工半读教育实验的改革起源主要有两个：一方面是政治原因，“教育与生产劳动相结合”一直被认为是消除工农、城乡，以及脑力劳动与体力劳动的三大差别的重要途径，1958年9月，中共中央国务院发布的《关于教育工作的指示》就明确指出：“党的教育工作方针是教育为无产阶级政治服务，教育与生产劳动相结合。”另一方面是经济原因，在当时，全国500万高小毕业生当中约有400万人不能升入初中，109万初中毕业生中有80万人升入不了高中，20万高中毕业生中有8万人升不了大学。正因如此，国家也意识到要加大办学力度，首先需要做的就是多办学校，来满足人民的升学意愿以及国家的经济建设需要，但是无奈的问题是资金的缺乏。另外，由于许多家庭同样迫于经济困难不能供所有子女读书。1957年5月5日，《中国青年报》发表社论《提供勤工俭学，开展课余劳动》，6月6日，《人民日报》又刊登了《一面劳动，一面读书》，主要的观点与目的都是为了号召师生们可以通过参加生产劳动来节省学校的经费开支。

1957年11月，刘少奇同志在《参考资料》上看到了一篇外讯——《美国大学生有三分之二半工半读》，这给了他很多的提示，同时，刘少奇同志也觉得我国教育发展也需要这种“帮助”，所以便批示有关部门研究我国是否具有可以试办的条件。1958年，半工半读教育实验正式开启。1月27日，共青团中央发出了《关于在学生中提倡勤工俭学的决定》，指出勤工俭学是实现知识分子和工农相结合、脑力劳动和体力劳动相结合的重要途径，而且还可以起到移风易俗和节约国家财政开支的作用。教育部也于2月发出通知，要求各地教育行政部门执行这项决定，同时，还召开了部分省市教育厅、局负责人和中学校长参加的勤工俭学座谈会，提出要“打破陈规，积极地、有计划地开展勤工俭学和半工半读活动”。1958年3月，国务院文教办公室主任林枫到天津视察时，也传达了刘少奇同志关于试办半工半读学校的意见。同年5月27日，我国第一所半工半读学校——天津国棉一厂半工半读学校成立了。并且有51名四级工以上的老工人入校，实行“六二制”半工半读，也就是每天6小时生产，2小时学习。5月29日，《人民日报》为此事做了专门报道并配发了社论《举办半工半读的工人学校》，指出这是“培养工人成为知识分子的重要形式，它代表着我国教育事业发展道路中的一个新的方向，是多快好省地培养工人阶级知识分子的一项重要办法。”

1958年5月30日，刘少奇同志在中共中央政治局扩大会议上正式提出了实行“两种教育制度、两种劳动制度”的建议。他说“我们国家应该有两种主要的学校教育制度和工厂农村的劳动制度。一种是现在的全日制的学校教育制度和现代的工厂里面、机关里面8小时工作的劳动制度。此外，是不是还可以采用一种制度，与这种制度并行，也成为主要制度之一，就是半工半读的学校教育制度和半工半读的劳动制度。”他认为，只要坚持两种教育制度、两种劳动制度，持续50～100年，就能有70%～80%的中国工人和半数的农民是半工半读学校毕业的，这样，在劳动者当中，脑力劳动和体力劳动就已经没有多大差别了，到那个时候，自然而然地也会带动整个社会的劳动生产率，相比之下，消灭三大差别的阻力就小得多了。此后，半工半读教育实验迅速在国内铺开，半工半读学校随之兴起。

半工半读学校大多以“又红又专、能文能武、既能体力劳动又能脑力劳动的新型劳动者”为培养目标；办学以工厂企业办学居多；招收初中毕业生；学制一般为4年；生产劳动和教学时间的比例约1∶1；学生参加生产劳动时实行定工种、定岗位和定师傅的“三固定”制度，学生可以获得一定的生活补贴。工厂职工实行的半工半读则是工厂每天用1～2个小时或每周用两个半天的生产时间，统一组织全厂职工学习；少数单位还试办了“厂校合一”，也就是将企业和学校合并，学生和工人混编，逐步精简工人，以学生为主要劳动力。1964年11月，刘少奇同志又做了《关于发展产工（耕）半读教育制度问题的批示》。1965年3月和10月，他还分别主持召开了全国农村半农半读教育会议和全国城市半工半读教育会议，明确了"五年试验，十年推广"的方针。1965年5月，中共中央批转教育部党组的《关于全国城市半工半读教育会议的报告》的附件《教育部、财政部关于国家办的半工半读中等学校财务管理暂行规定（试行草案）》规定：半工半读学校必须贯彻艰苦奋斗、自力更生、勤俭办学的革命精神，争取逐步做到经费大部分或全部自给。到了1965年年底，全国半工（农）半读学校达7294所，在校生达126.6万多人，见表10–2。

表10–2　1965年半工（农）半读中等学校情况表（信息来源于教育部网站）

	学校数（所）	班数（个）	学生数（人）	教职工数（人）		
				专任教师	职工	合计
总计	7294	28962	1266465	71594	80191	151785
中级	4683	17707	726175	50860	70805	121665
教育部门办	717	2864	138413	7863	7546	15409
其他部门办	3726	14183	562268	41902	62358	104260
集体办	240	660	25494	1095	901	1996
初级	2611	11255	540290	20734	9386	30120
教育部门办	1024	5198	246699	10500	5819	16319
其他部门办	820	2401	104697	3594	1458	5052
集体办	767	3656	188894	6640	2109	8749

后来，"左"倾思想的影响越来越严重，半工半读教育实验出现了"以干代学"，以劳动代替技能训练的偏差。"文革"期间，职业教育受到了严重的破坏。两种教育制度、半工半读学校也被错误地当作修正主义教育路线和资产阶级教育制度受到批判，半工半读教育实验就此结束。

二、现代学徒制意义与价值研究

现代学徒制是充分结合传统学徒的“手把手”传授实操技能的优点和课堂教学的大范围传授理论知识的优点之后，进行有机结合的一种职业人才培养模式。在《国务院关于加快发展现代职业教育的决定》(国发〔2014〕19号)强调现代学徒制是校企“联合招生、联合培养”的职业教育制度，直接的标准就是“实现专业设置与产业需求对接，课程内容与职业标准对接，教学过程与生产过程对接，毕业证书与职业资格证书对接”(《教育部关于开展现代学徒制试点工作的意见》)。现代学徒制融合了学校的大规模传授科学技术，并且与师傅手把手教授技能相结合的优点，解决理论与实践脱节的问题，使其知其然也知其所以然。同时，“招生即招工、入校即入厂”可以消除企业“为他人做嫁衣”的担忧，坚持真心实意、用心培养好学徒。在现代学徒制当中，学徒培养是企业技能培养和学校文化知识学习的有机结合，半工半读、工学交替，学生一半时间在学校学习理论知识，一半时间在企业接受专业技能培训。

现代学徒制最重要的特征是工学结合。国务院1991年颁布《关于大力发展职业技术教育的决定》中第一次提出“产教结合、工学结合”，开始在国家高度倡导工学结合，到了2005年，《国务院关于大力发展职业教育的决定》以下简称《决定》提出“与企业紧密联系，加强学生的生产实习和社会实践，改革以学校和课堂为中心的传统人才培养模式”，明确要求高职学生开展不得低于半年的顶岗实习，中职学生开展一年的顶岗实习。自2005年《决定》颁布以来，几乎所有的职业学校都进行了广泛的“工学结合”的职业教育改革实践和探索，并取得了很多经验。按照运行机制，大概分为以下几类：职教集团、校企合一、校企深度合作型（订单班）和校企松散合作型。其中，职教集团比较成功的是行业性职教集团，以行业特征明显的学校为主导，邀请行业内企业参与人才培养方案的制订与教学，并借助企业设备及场所完成顶岗实习，其培养的人才往往具有很深的行业特征。订单班也是目前广泛运行的一种校企合作模式，在校企合作意愿达成之后，在学校的一年级或二年级学生当中采用自愿报名的方式招收学生，企业深度参与教学各环节，学生在通过企业考核后，录用到合作企业。但无论是职教集团，还是订单班等合作形式，都是以学校为主导，达不到“招生即招工、入校即入厂”

的标准，则无法充分调动企业参与人才培养的积极性、全面参与人才培养的全过程。虽然上述工学结合不能称之为现代学徒制，但也确实为现代学徒制积累了很多经验。

近年来，全国多个地方学校开展了现代学徒制试点，比较典型的有广东清远职业技术学院，自2012年成为广东省现代学徒制试点单位后，积极探索现代学徒制人才培养改革，2013年有三个专业与合作单位进行联合招生、联合培养的现代学徒制招生试点，2015年达7个专业；另外还有江西新余自2011年开始开展现代学徒制试点，由校企双方一起制定课程标准，合作开发学徒制教材，按照标准组织教学和考核。但从公开的资料来看，无论哪个地方的试点，都没有取得成熟的可移植的模式，更无制度可循，所以便无法推广到别的学校和专业。

从已有的研究来看，推行现代学徒制的意义与价值，主要体现在能够有效促进学校与企业、教育与产业的紧密结合，提高技术技能型人才培养质量等方面。孙佳鹏等人认为，现代学徒制是破解职业教育校企合作难题的良药，充分发挥了学校理论知识教学的优势和企业实践技能培养的优势，将学校本位教育与工作本位培训紧密结合，从而实现了“双主体”的育人方式，校企联合培养理实一体的复合型人才的目的。孙晓燕老师则认为，现代学徒制能够缓解日益严峻的就业矛盾，节约教育资源和企业成本，促进教育与产业的结合。王洪斌老师从分析当前我国高职教育人才培养的现实困境出发，提出现代学徒制符合高职教育的特点，以“育人”为核心，能够有效培养高素质技能型人才，是我国高职人才培养的新出路。

关于现代学徒制的内涵与特点，学者们有不同的理解，但大多数从学校和国家两个层面进行了分析。从学校层面上，认为现代学徒制是一种人才培养模式；而在国家层面上，则更倾向于将其认作一种职业教育制度。谢俊华、胡秀锦等老师将现代学徒制看作一种重要的人才培养模式，并从学校层面分析现代学徒制的特点，普遍认为现代学徒制具有鲜明的时代特点。同时，更是充分体现了就业导向原则与因材施教原则；校企之间深度合作，共同参与人才培养全过程；学生可以获得劳动报酬，这不仅减轻了学业上的经济负担，还激发了学生的学习兴趣，增强了学习的主动性，提高了社会适应能力，就业前景也比较乐观。孙佳鹏等人认为，现代学徒制是将传统的学徒培训与现代学校教育相结合的一种基于校企合作的职业教育制度，他们从国家层面分析了现代学徒制的特点，总结现代学徒制具有以下典型特征：国家战略层面的制度管理；多元参与的利益相关者机制；以企业为主及工学结合的人才培养模式；以学徒为主的双重身份；统一规范的教育培训标准；与国家职业资格体系的融通。此外，还有学者从其他不同的角度探究现代学徒制的特征。关晶老师通过梳理国内外学徒制的发展脉络，剖析现代学徒制之“现代性”，揭示现代学徒制的本质特征，也就是将功能目的从重生产性到重教育性；教育性质从狭隘到广泛；制度规范从行会层面上升到国家层面；利益相关者机制从简单到复杂；教学组织从非结构化到结构化。也有学者通过比较西方经济发达国家职业教育现代学徒制，得出西方现代学徒制具有以下特点：以现代学徒制为职业教育的主导模式，其工学结合的实现形成具有较大的灵活性，但都遵守德国学徒制的“双重”身份、“双元”育人、产教融合，并以培养学生岗位能力为根本的原则。

三、现代学徒制研究

(一) 现代学徒制类型研究

学者们主要运用历史研究和比较研究方法，对于国内外现代学徒制类型进行分析。李梦卿老师运用历史研究法，梳理自中华人民共和国成立以来我国现代学徒制的发展。他认为现代学徒制历经了技工教育、半工半读、校企合作教育三个阶段。技工教育始于1868年，是建立我国现代学徒制的雏形；半工半读始于1958年，是实施现代学徒制过渡的实践；2004年至今实行的校企合作教育完善了我国现代学徒制的内涵。赵鹏飞根据现代学徒制的人才培养方式和实施方法的不同，将西方经济发达国家现代学徒制实现形式概括为四种典型模式，并分别与德国“双元制”进行比较。一是英国的“三明治”模式，与德国相比，学校与培训机构的作用得到了充分的发挥。二是澳大利亚新学徒制，突破了德国双元制人才培养标准的企业本位，形成了国家、地方和企业标准的有机衔接。三是瑞士的“三元制”，将学徒由单一的企业走向行业。四是美国的“合作教育”模式，学徒、教育机构和企业之间形成伙伴关系，三方各自有自己特定的责任。

(二) 现代学徒制相关主体研究

当前，现代学徒制研究涉及的相关主体主要包括政府、学校、雇主（企业）及学徒（学生）。苑国栋老师将政府作为主要研究对象，提出为解决我国现代学徒制普遍存在的企业参与校企合作积极性不高、职业院校诸多自身难以克服等问题，政府应当主动承担重要责任。通过分析我国政府和企业在实施现代学徒制当中的局限性，和学校在现代学徒制的优越性，提出应当确立学校主导的现代学徒制实施战略，充分发挥学校在现代学徒制当中的主导作用和骨干作用。欧阳忠明老师等人以企业（雇主）为主要研究对象，分析了影响其参与现代学徒制的意愿和强度的重要因素，并对如何推动雇主积极参与现代学徒制项目提出具体建议。章颖、石品德等老师将现代学徒制当中“学徒”（学生）作为主要研究对象。其中，章颖把学徒定位为在校学生，从心理学的角度出发，讨论现代学徒制背景下高职生职业成熟度，并提出高职生职业成熟度提升的要素与途径；石品德认为，企业长期为没有良好的途径培养骨干青年员工而发愁，面向企业员工招收“学徒”，既能够消除企业心病，也能够调动企业参与人才共育的积极性，真正实现校企双赢。

(三) 现代学徒制实现路径研究

学者们主要从宏观角度对现代学徒制实现路径进行研究。孙佳鹏、石伟平老师在总结现代学徒制优势的基础上，提出在我国全面顺利推行现代学徒制的首要问题和根本保障是做好顶层设计，包括构建职业教育法律体系、建立现代学徒制的专门管理机构、给予经费支持与保障和制定国家制度性框架等。吴建设老师认为，高职教育推行现代学徒制，还需要从构建“双主体”人才培养模式，解决“双身份”学徒身份问题，形成“双体系”校企课程结构，打造“双导师”专兼师资队伍，建立“双标准”考核评价体系等方面来解决教育模式、学生身份、课程体系、导师机制及评价方式五大难题。李梦卿认为，我国现代学徒制的本土化实践需要加强职业教育政策与法律制度建设，保障现代学徒制健康持续发展；加强校企深度合作，完善现代学徒制的人才培养模式；加强职业资格证书制度建设，建立与现代企业制度相适应的现代学徒制度。

（四）现代学徒制个案研究

相关的个案研究主要以某个区域或院校的某个专业为例，总结提炼试行现代学徒制的经验做法，分析实践过程中存在的主要问题，探索和思考如何进一步完善现代学徒制。某位学者总结江西省新余市现代学徒制的成功试点，归结于借鉴德国、瑞士等国职业教育的成功经验，以世界的眼光和战略思维推进现代学徒制建立，探索以学徒与岗位、学校与企业、教育与产业“三结合”为切入点，以职教园区与产业园区、职业院校与产业企业、职业教育与产业发展“三融合”为着力点，以政府、企业、学校“三集合”为主攻点的现代学徒制新路径。赵有生老师以长春职业技术学院为例，选择三个专业和三家不同所有制类型的企业合作，从“双主体”办学机制、“工学交替”人才培养模式、“学校课程＋企业课程”的课程体系、教学资源开发、实训条件及师资队伍建设、教学组织管理与人才培养质量监控与评价等方面进行现代学徒制的实践探索，并总结实践探索中存在政策法规、师资队伍建设、学生管理等方面问题。赵鹏飞以广东省清远职业技术学院为例，根据企业的需求、专业特点、招生生源和招生方式不同，分别与高新技术、现代制造业和现代服务产业三类企业深度合作，根据企业的特点与需求，从互渗交互培养、在岗交互培养、行业通用型交互培养三个不同途径探索现代学徒制人才培养模式。通过探索与实践总结出产业结构是人才培养模式选择的根据，专业性质和企业需求是选择实现方式与途径的依据。

（五）现代学徒制其他方面研究

除以上研究之外，还有部分学者对现代学徒制的背景要素、课程建设、教育方法、运行管理和保障策略等方面进行研究。李梦卿通过对现代学徒制发展的诸种背景要素支撑功能进行比较，指出经济条件、技术进步、现代教育理念、法制、管理和经费支持等因素在现代学徒制进程中发挥着不同的关键作用。王玲老师对校企合作开发现代学徒制双证课程进行深入研究，总结提炼出课程开发技术规程。李铭辉老师通过研究分析英德现代学徒制教育方法，提出我国现代学徒制应从构建具有等级特点的证书体系、建立体现双元制特点的课程体系、实施符合现代学徒制特点的柔性化教学三个方面进行探索和实践。郭全洲老师重点研究现代学徒制的运行机制，认为中国特色现代学徒制运行机制应当具有一套分级管理和系统合作管理机制，应当重视行业协会在立足产业未来参与人才培养方案的制度和辅助政府进行职业资格认证中的作用。李晴晴老师将现代学徒制的外部环境作为研究重点，认为“现代学徒制”能否有效发挥经济和社会效益的关键不在于学校内部自身的建设，而是在于能否实现政府、企业、行业组织以及整个社会对这种人才培养模式积极的支持和配合。

四、现代学徒制研究的成果与不足

从上述国内关于职业教育现代学徒制研究现状中可以看出，现代学徒制得到了职教领域学者的普遍关注，相关研究具有一定的广度和深度，但是仍存在一些不足之处，主要体现在以下几个方面：

（一）缺少对现代信息技术的关注

学者们主要从产业经济、现代教育体系、制度文化等背景下进行相关研究，缺少对现代信息技术的关注，尤其是信息技术对现代学徒制的影响，以及信息技术与现代学徒制的融合。现代信息技术对各类教育教学产生革命性的影响，也必然对现代学徒制的师生关系、教学管理、教学方法等方面提出了新的挑战。

（二）缺少对农民工的关注

大多数学者将现代学徒制的招生培养对象定位在在校学生和企业员工，没有更多地将目光投向广大农民工和退役军人。而职业教育作为构建全民终身教育体系和学习型社会的重要支柱，现代学徒制又是当前职业教育较为推行的一种模式，有必要将教育对象拓展至广大社会人员，尤其是农民工群体。

（三）缺少本土化现代学徒制职业教育模式研究

当前的研究范围只局限于对于传统学徒制历史及国外现代学徒制研究。

对于国内现代学徒制本土化研究主要停留在国外成功经验借鉴以及国内试点院校经验总结层面，却很少将国外借鉴与国内经验做法提升到理论层面，进而构建具有推广价值的中国特色现代学徒制职业教育模式。

五、我国开展现代学徒制的困境

（一）企业参与不积极，工学结合深度不够

学徒是在企业的真实岗位上，由现场师傅手把手指导进行实操学习，假如离开企业，全面参与的学徒制就是空谈。但从我国的校企合作实践过程中来看，普遍存在一头热、一头冷，企业不愿意或者被动参与，尤其是在生产技术先进、操作技能要求较高的企业当中。在一组抽样数据中，52 个校企合作案例当中，企业主动寻找学校的只有 4 例，占比只有 7%。很多企业不愿意接纳学生顶岗实习，企业将一个生手培养成熟练工，需要投入各种成本，而学校能够提供给企业的培训费一般很低，与企业的投入相比，几乎可以忽略不计。所以，企业的投入面临着很大风险，而培养出来的学生一旦毕业，企业的前期投入就没有回报，反而会增加生产机密泄露风险；因而不如直接在别的企业挖人成本更低，更可靠。企业作为追逐经济利润最大化的实体，必然不愿意接纳学生顶岗实习，而且国家政策没有强制性要求企业接纳学生的顶岗实习，所以，我国愿意接纳学徒的企业不多。企业参与不积极是我国开展现代学徒制最大的制约因素。少量接纳顶岗实习的企业也是被动参与。部分企业在生产季节由于人手不足，便接受部分学生实践。但是这种实习实践是将学生作为廉价劳动力，实习岗位完全以企业短期需要进行安排，从未从培养人才的角度进行岗位轮岗，也不会安排师傅进行真正意义上的技能指导。而另一部分企业由于私人关系，勉强接纳学生顶岗实习，其实习的安排、指导及考核也就可想而知了。

（二）国家顶层设计不完善

现代学徒制在我国还是个新鲜事物，目前国家层面的规则制度非常缺乏，基本上还是 21 世纪初倡导工学结合、校企合作时期出台的一些文件。目前，国家层面的与学徒制有关的法律政策文件主要有：法律主要是 1995

年《教育法》第46条“企业事业组织、社会团体及其他社会组织和个人，可以通过适当形式，支持学校的建设”和1996年《职业教育法》第三十七条“企业、事业组织应当接纳职业学校和职业培训机构的学生和教师实习。对上岗实习的，应当给予适当的劳动报酬”；政策文件主要有2005年国务院《关于大力发展职业教育的决定》，要求“为顶岗实习的学生支付合理报酬”和2014年国务院《国务院关于加快发展现代职业教育的决定》“开展校企联合招生、联合培养的现代学徒制试点”；部门法规有2006年财政部、国家税务总局下发的通知，要求对企业支付给学生的实习报酬准予在计算缴纳企业所得税税前扣除和2015年人社部、财政部《企业新型学徒制试点工作方案》对于开展学徒制培训的企业“给予职业培训补贴”。由此可见，国家层面的法律和法规提倡的多，具体可操作的政策少。具体如何支持？支持了有何奖励？不支持有何惩罚？企业付出成本如何补偿？这些具体问题在法律政策文件都没有规定，也就失去了具体的可操作性。而现代学徒制面临的联合招生涉及学员的定位到户籍的管理制度、劳动法等都有待进一步完善。

(三) 学校教学管理制度与现代学徒制还不匹配

我国学校教学管理制度延续过去旧的学堂教学模式，面对现代学徒制这种新生的人才培养模式，也显得手足无措。现代学徒制以企业为主要技能培训场所，企业导师为技能主要传授者，如何安排合格的企业导师，如何对教学进行监控，以及考核评价等问题，都是学校所面临的巨大挑战，需要学校在探索的基础上进行教学管理的改革。另外，开展交替式学习和培训的现代学徒制育人模型迫切需要建立与该模型相适应的柔性学籍管理制度，如实行学分制和弹性学习制度等，构建新的适应学徒制变化改革招生、学籍等教学管理制度等。

(四) 社会观点认识有待提高

在我国几千年的历史当中，“学而优则仕”的观点深入人心，“士农工商”四个等级，工匠是地位低下的阶层，这种观点也深深影响到了家长和学生。很多家长和学生认为学生是来读书的，“企业实习”是不务正业，怕影响他们心目中的“学业”，因此，对于半工半读和学徒制存在抵触情绪。学徒制班的学员对企业在工作年限、违约金的约定，也让学生在选择是否进入学徒制班学习时犹豫不决，从而降低了进入学徒制班学习的积极性。另外，学生缺乏吃苦精神和对学徒时待遇期望过高也是一个重要原因。

第二节　对我国推进现代学徒制的启示

一、中西方现代学徒制比较分析

现代学徒制的功能和作用决定了发展现代学徒制是政府的重要职责，政府不但是相关法律法规的制定和执行者，同时也是管理机构的决策和控制者，还是教育经费的主要筹措和提供者。

(一) 中西方国家政府立法职责之比较

1. 西方国家

从一些开展现代学徒制较为成功的西方国家看，为了保障现代学徒制的规范化和持续化，各国政府纷纷通过建立较为完备的法律体系来保障现代学徒制的实施有法可依、有章可循。

(1) 政府通过立法明确现代学徒制的法律地位和参与者的责、权、利。德国的现代学徒制之所以被当作世界范本，主要还是受益于政府建立了一套完整周密的职业教育法律体系，在这个体系当中，德国《联邦职业教育法》无疑起着基石的作用。2005 年开始实施的新《联邦职业教育法》重申了“双元制学徒体系”的法律地位，并从“双元制”中“企业”这方面着手规定了职业教育实施过程中各个环节的管理依据。除此之外，在联邦和州层面，德国也分别具有相应的法律规范来指导和监督“双元制”当中另一元“学校”的教学活动的开展。双管齐下，保障了“双元制”职业教育的健康发展。澳大利亚政府早在 1978 年就制定了《职业培训法修正案》，正式奠定了现代学徒制的法律地位，使其得以健康、稳步发展。为激发行业企业积极参与学徒培训与管理，澳大利亚政府除了在法律中明确行业企业参与的职责、权利以及违约惩罚之外，在2009年的《公平工作法案》中对学徒和参与企业制定了奖励条款，基本上涵盖了澳大利亚所有行业的学徒培训。2009年，英国政府出台了《学徒制、技能、儿童和学习法案》，该法案的重要性突出表现在对学徒制的管理上，这对于提高现代学徒制在英国整个教育领域中的地位具有举足轻重的作用。该法案的出台，结束了英国对学徒制长达近200年的法律管理空白，其标志着英国学徒制新立法时代的来临。2004年，瑞士正式实施了新的《职业教育与培训法案》，该《法案》明确了职业教育与培训是联邦政府、26个州政府和职业行会组织的共同任务，他们共同努力的目标是达到职业教育与培训的高标准，以及创造足够的学徒职位。

(2) 政府通过立法为现代学徒制发展提供经费支持。在西方发达国家，通过立法为现代学徒制的发展提供经费支持是政府的重要职责之一，这些立法在各国职业教育法律体系当中占有重要位置。如美国政府在1990年《帕金斯职业和技术教育法》中明确规定，联邦政府每年向州政府和地方培训计划拨款16亿美元，这项资金以专项补助款的形式分配，要求地方至少按照1∶3的比例配套。澳大利亚联邦政府1992年颁布《职业教育与培训资助法》，确立了国家培训总署和州拨款机制，该法案根据实施情况每年一修订，拨款额度逐年递增。同时，澳洲政府放开学徒培训市场，建立学徒培训竞争机制，只要经过国家培训局的认可，任何机构、企业和个人均可承担学徒培训任务，政府一视同仁地给予经费支持，对于社会急需的职业培训，政府重点支持，拨款高于其他职业。英国政府也通过《就业和培训法》《公司与所得税法令》《延续与高等教育法案》等多项立法为现代学徒制的发展提供经费支持。

2. 中国

近20年来，我国职业教育立法有了很大的进步和突破，初步建立了以《职业教育法》为主体，以各部门规章和地方法规为配套的职业教育法律体系，为我国现代学徒制发展走上法制化、规范化及科学化的道路提供了重要的法律保障。但是，与西方发达国家相比，我国政府在立法上还存在一些不足。

(1) 政府在立法中未明确现代学徒制的法律地位和企业参与的责权利。目前，我国没有任何一部法律正式确定现代学徒制的法律地位。由于身份的模糊性，使得现阶段现代学徒制的发展迫切需要规范的企业义务、资金来源、管理职能、专门机构以及学徒培训等内容，未能通过法律手段予以保障。与西方立法比较而言，我国立法中最明显的问题是在法律中对企业参与责任与义务的规定过于笼统和模糊，而且操作性不强。此外，专门针对企业参与学徒培训的立法更是空白。

1996年颁布的《职业教育法》中仅仅有5条内容涉及企业，并且都是以“鼓励”“可以”等指导性的语言表述。由于法律中对企业参与的责任与义务缺乏明确性和强制性，使得我国企业参与学徒培训全凭企业的觉悟程度和认识水平。再加上政府又未制定参与企业将获得政府补助或税收减免等优惠政策的配套法规，势必抑制企业参与学徒培训的积极性。

(2) 政府经费立法的不完善，阻滞了现代学徒制的发展。在我国的职业教育法律体系当中，政府至今没有对职业教育与培训经费进行专项立法，国务院也未出台专门的经费配套法规或实施条例。在已有的立法当中，有关经费保障的内容在很大程度上也仅仅停留于宏观或一般性的政策引导，对经费责任主体所应承担的具体责任没有明确界定，导致在实施过程中因责任主体缺失或模糊造成经费无人问责的现象，政府经费立法的不完善导致我国现代学徒制在试点过程中普遍面临经费短缺的现状。

(3) 政府出台政策性文件代替法律。从20世纪90年代起，我国政府陆续出台了十几部重要的职业教育规范性文件，如《国务院关于大力推进职业教育改革与发展的决定》《教育部关于开展现代学徒制试点工作的意见》等。这些文件对于职业教育和现代学徒制发展的各个方面都做出了诸多规定，其内容的完整性和实用性远胜于我国现行的职业教育法律，并真正成为指导政府职能部门工作的规范性依据，但是，对于一个法治国家来说，政策毕竟不是法律，不具有法律所特有的强制性，而且这些政策文件的自身也存在宏观性、原则性和模糊性的问题，缺乏西方法律的明确性、针对性和可操作性特点。

(二) 中西方国家政府管理职责之比较

1. 西方国家

西方发达国家政府在推动现代学徒制的发展过程中都建立了与之相适应的职业教育管理体制。虽然各国的政治经济体制、文化教育传统及技工培训制度不同，导致了各国政府对现代学徒制的管理模式也不尽相同，但政府在其中承担的职责和作用可概括为以下共同特征：

（1）政府建立了现代学徒制统筹管理的最高机构，实现了宏观管理和自治管理的有机结合。西方发达国家政府各自建立了本国最高职业教育管理机构，统筹管理包括现代学徒制在内的职业教育的发展与实施，如德国“联邦职业教育机构（BIBB）”、瑞士“职业教育与技术署”（BBT）、英国“商业、技能与创新部”等。各国联邦政府通过本国最高职业教育管理机构实现对现代学徒制的宏观管理，即只对现代学徒制发展过程中具有共性的问题制定政策并指导与协调，从而既保证了全国学徒培养规格的相对统一性，又发挥了各州因地制宜的培养优势。与此相对，各国的州政府则实行自治管理，在培训业务、财政拨款、职业学校等方面享有充分的自治权，同时发挥协调与监督作用，协调行业协会、企业及学校之间的关系，监督学校教学和企业培训。正是联邦政府宏观管理和州政府自治管理的有机结合，为西方现代学徒制的顺利实施提供了保证。

（2）政府建立了行业协会参与学徒培训管理的有效机制。西方发达国家的职业教育管理机构大致可分为三级，分别为联邦、州、地区。以德国为例，在联邦一级，联邦政府实行宏观管理，制定与颁布法律法规以及统一的职业培训标准；在州一级，州政府管理与监督学徒培训业务；在地区一级，由各类行业协会负责管理学徒培训工作。行业协会是德国地区级现代学徒制进行自治管理最为重要的机构，在德国具有特殊的地位，即公法法人地位，这一地位使得行业协会能够履行法律授权，在履行任务过程中，具有如同政府一样的权威。此外，德国联邦政府还通过各种财政补贴来支持行业协会履行职责，并且建立了一套完备的行业协会对企业参与学徒培训的资格审定制度，以增强行业协会在管理过程中的话语权。瑞士的行业协会组织非常发达，随着行业协会培训中心模式的发展，瑞士的学徒培训逐渐从传统的企业和职业学校“双元制”演变为企业、职业学校和培训中心的“三元制”。

2. 中国

我国的职业教育管理体制属于政府主导型，职业教育管理的决策权高度集中在中央。地方政府都设有不同级别的职业教育管理机构，各级各类职业院校也全部按照行政隶属关系置于办学部门的直接管理之下。与西方发达国家相比，我国政府在发展现代学徒制和履行政府职责时还存在以下不足：

（1）政府未建立能够统筹大局的现代学徒制管理最高机构。当前，我国职业教育与培训由教育部、人力资源和社会保障部等共同管理，这种“齐抓共管”的管理体制虽然调动和发挥了多方面的积极性，但也存在职能交叉、政策不一、管理分散、资源浪费等问题。相比西方国家的现代学徒制管理机构，我国政府尚未建立能够统筹大局的包括现代学徒制在内的职业教育管理最高机构，这不仅导致人力资源和社会保障部与教育部在学徒制培训管理职能上的交叉，也造成分属于国务院不同部门的职业院校体系与职业培训体系各自为政等问题，这些问题严重制约了我国现代学徒制的长远发展。

（2）政府未建立行业协会参与学徒培训管理的有效机制。西方发达国家的行业协会在学徒培训的组织与管理过程中发挥着重要的作用，而我国的行业协会基本上没有参与到学徒培训的管理中来，未能履行与西方国家一样本该具有的决策、监督与评价职能。行业协会作为企业的上级部门，这种状况势必会影响企业参与学徒培训的积极性，也会造成部分企业参与后的随意性和无约束性。我国行业协会与职业教育的联系松散，主要是因为政府在法律当中未明确行业协会在职业教育和学徒培训管理中的法律地位，同时，也未对行业协会参与管理给予财政补贴等，从而导致当下行业协会对职业教育与培训的参与和支持方面的不足。

（三）中西方国家政府经费保障之比较

1. 西方国家

德国、澳大利亚等西方发达国家的现代学徒制之所以能够取得举世瞩目的成就，关键得益于这些国家政府构建了完善的经费保障机制，为现代学徒制的发展提供了必要而充足的经费支持。西方发达国家的政府在经费保障过程中承担的职责主要有以下特征：

（1）政府立法保障，并建立多元化的经费筹措机制。从国际经验来看，现代学徒制开展较为成功的国家均建有相对成熟的经费保障体系和多元化经费筹措机制。经费来源于政府拨款、企业资助、学生学费、社会团体资助、各类税收、服务性收费等多种渠道，社会化特征明显，特别是企业资助占有重要分量。在德国，政府主要对各类职业学校、职业继续教育机构提供经费资助，而学徒培训的主要资金来源于企业，企业投资建立职业培训中心、购置培训设备并负担实训教师的工资和学徒的培训津贴。为激发企业参与学徒培训的积极性，德国政府除了在税收上给予各种优惠，还设立了中央基金，对参与企业给予经费补助，一般情况下，企业可获得其培训费用50%~80%的补助，若所培训的职业前景看好，企业甚至可获得100%的补助。2010年，英国政府在“小政府、大社会”的执政理念下，提出“企业、个人和政府应该根据相应的收益分担技能培训成本，企业和个人应该承担大部分费用，因为它们获得了最多的私人收益”，英国政府一方面要求企业和个人必须加强行动和投资，另一方面采取了具有激励性的技能投资模式，促使利益相关者积极参与技能培训。

（2）政府作为经费投入的首要责任主体且力度逐年加大。当今，西方发达国家的职业教育与培训经费投入呈现出“政府财政逐步增多，个人承担日渐减少”的趋势。大多数国家如澳大利亚、美国、英国等，其政府是职业教育与培训经费投入的首要责任主体，在经费投入过程中起“杠杆”作用。例如，澳大利亚的TAFE学院负责学徒的知识培训和少量的技能培训，联邦和州政府的投入是TAFE学院办学经费的绝对主体，占总经费的2/3，其中，联邦政府拨款约占22%，州政府拨款约占57%。英国政府是本国职业培训经费的主要保障者，并且经费占GDP的比重在逐年增长，政府计划在2014—2015年度，将超过19岁的成人学徒的数量增加到7.4万人，用于资助学徒制的资金每年递增2.22亿英镑，两年后可达到14亿英镑。

2. 中国

近年来，我国政府也加大了对于职业教育与培训经费的投入力度，对现代学徒制的发展起到了很好的推动作用。但与西方发达国家相比，我国政府在经费保障职责上还存在以下不足：

（1）政府未健全经费立法保障和多元化经费投入机制。与西方发达国家相比，我国当前的经费立法保障还存在较大缺憾。立法环节的缺失，必然会导致各级政府与社会主体在相关领域行为活动的失范，这是造成我国职业教育与培训经费得不到有力保障的一个重要原因。当前，我国职业教育与培训经费主要来源于政府拨款和学生学费，2011年政府的财政拨款占经费总投入的66.93%，学生学费占28.73%，而企业投入的经费比例仅为0.77%，社会团体仅为0.93%。与德国和瑞士等国家的企业承担本国职业培训经费总额的60%相比，我国的企业投入比重太小，而且社会力量投入也非常薄弱，这就表明我国现行的经费来源结构单一、经费投入机制还不健全。由此可见，我国政府虽然直接承担经费投资的主体责任，但在履行引导社会资金参与职业培训的职责上缺失，主要表现在立法保障、政策引导和舆论宣传上还不完善，使得企业等缺乏投资热情。

(2) 政府财政投入虽增幅较大，但投入总量仍偏低，政府财政拨款是我国职业教育与培训经费的主要来源。2006—2011年，政府的财政投入占职业教育与培训经费总量的比例从45.79%逐渐增长到66.93%，超过了对普通教育经费投入的增幅。虽然职业教育经费投入总量在逐年增长，但在整个国家教育经费当中的比重并不高，始终在11%～13%徘徊，远低于国际惯例25%的占比标准。与普通教育相比，政府对于职业教育与培训经费的投入总量仍然偏低。实际上，包括现代学徒制在内的职业教育培养成本远高于普通教育是国际上公认的事实，我国目前这种经费占比现状与优先发展职业教育的国家战略形成了鲜明反差，势必会影响现代学徒制的培养质量和长远发展，原因是地方政府对中央经费投入政策落实不到位。为保障地方政府的经费投入，中央政府在2005年《国务院关于大力推进职业教育改革与发展的决定》中明确提出，“从2006年起，城市教育附加费用于职业教育的比例，一般地区不低于20%，已经普及九年义务教育的地区不低于30%”。但是，相当比例的地方政府并没有完全落实这一政策，2011年，全国有37%的地区这一比例均低于20%，这与西方发达国家州政府的拨款力度形成很大的差距。由此可见，由于我国法律政策的可操作性与监督惩处措施不全，加上我国执法体系不够严密，特别是政府的违法成本过低，导致地方政府对中央政策的执行力度大打折扣。

二、我国现代学徒制的对策研究

针对我国现当代学徒制运行试点的现状及存在的问题，对我国现代学徒制的运行机制构建提出以下对策。

（一）建立有益于现代学徒制发展的环境

为建立有益于现代学徒制发展的环境，应当完善支持现代学徒制发展的法律和政策体系，突破阻碍现代学徒制发展的“招生招工机制”，打破原有的师资招聘及编制瓶颈，建立开放式的师资队伍，对参与学徒制培训的企业实行财政补贴、资金支持、税收减免等政策并落实，从而形成有益于现代学徒制发展的舆论氛围。努力从各试点当中升华经验，从实践及学理层面论证合理科学的培养主体职责、培养模式、投入机制等，丰富和完善现代学徒制人才培养的顶层设计。在试点良好运行和国家政策法规不断健全的基础之上，各试点应当总结经验，建立稳固的长效运行机制后，再逐步扩大试点规模和范围。同时，可以根据各地自身实际，尝试从学历教育和非学历教育两方面入手，丰富现代学徒制的实践形式，满足学校发展和企业需求，培养优质技术技能型人才。

（二）提升行业企业参与热情

行业企业参与现代学徒制热情不足始终是制约现代学徒制持续长久运行的巨大障碍。我国目前推行的现代学徒制主要由教育部门引导的试点在全国推行，但人社部也积极在推行企业新型学徒制的试点工作，无论是由职业学校主导，或是企业主导的现代学徒制，企业的充分参与都是现代学徒制获得成功的重要前提。但就调研情况而言，行业企业参与现代学徒制的热情仍然不足，为提升行业企业参与热情，可以从以下几个方面着力改进：

（1）对企业进行的审核、认定，从国外现代学徒制经验来看，企业要想参与学徒制，则需要经过注册或一些认定程序。企业作为学徒制培训的重要主体之一，自身的规模、培训能力和企业师傅的素质和学徒培训的质量与效果有极大关联，所以，对于参与学徒培训的企业应当设定资质要求，对企业的“软”“硬”条件进行审核或注册。具体而言，企业应对人才有内在需求，只有这样，企业才会有极大热情投入到人才培养的全过程当中。其次，企业应具有较强的科研和培训能力，现代学徒制要求合作企业全程参与招生、教育教学、考核、就业等人才培养的各个过程。企业还要具备一定的知名度和规模，这就决定了企业学徒培训的吸引力和培训规模。此外，还可以通过政府和行业协调，将同等类别的企业联合在一起，建设职教集团，增强企业培训各方面的实力。

（2）营造行业企业积极参与的社会氛围。通过网络、电视等多媒体途径加强现代学徒制的宣传，对企业进行引导和教育，使其充分认识到企业参与现代学徒制能够促进行业企业持续长远发展，并对经济社会的发展具有深远意义，从而使行业企业增强自身的社会责任感，积极主动地参与现代学徒制。在制度层面，政府应当制定相应的政策和法规，鼓励引导行业企业参与，并明确行业企业在现代学徒制运行过程中的主体地位和责权利。在政策层面，对开展现代学徒制的企业予以财政激励、经费补贴或税收优惠，还可根据实际需要，为企业及学校提供基础设施和非财政的扶持，对企业内部的培训师予以补贴和支持。

（3）探索多方共赢的运行方案。欧洲现代学徒制的运行采取多方共赢方案，也值得我们学习。欧洲的学徒制对企业、学员和社会都产生了积极效果，学徒制的开展为企业提供了优质的劳动力，使企业提高产量和利润，具体而言，可以使企业掌握技能开发，实现低成本招聘，学徒既工作，也产出，从学徒处获得全新的视野，增强企业在行业当中的实力与社会认同。相关数据表明，瑞士的企业可以从培训学徒过程中获得净利润，超过 60% 的瑞士企业认为开展学徒制可以受益。我国也应当着力探索研究多方共赢的运行机制。

（4）保障企业获得最大收益。企业获取经济利益是企业愿意参与现代学徒制人才培养的基本前提，为最大程度保证企业获取经济利益，需从降低企业投入成本、增加企业效益回报及降低企业风险三方面着手。在成本投入上，如国家能够对企业予以财政支持和税收优惠，适当分担其培训成本，地方政府能够对当地参与培训的学校及企业开设专项基金支持、提供公共培训基地，能够促进企业参与的热情。在投资回报上，如果参与合作的企业能够平衡企业经济利益诉求和学徒培训需求之间的矛盾，对企业而言，如果能够获得利益，将会长期投入运行，进而减少可变成本，进一步实现效益最大化。在风险评估上，可以对合作院校与企业进行明确的教学分工，将工作基础知识和通识技能培养放在职业院校，将企业所需的职业技能让企业承担，进而降低企业投入后产生的风险。

（三）构建技能标准与资格认证体系

（1）开发统一的职业资格体系和技能标准。当前我国现代学徒制试点运行过程中的职业技能标准及培训标准，多是校企双方协商共同制定，缺乏严密的科学依据，因此，培养的人才质量也就难以保证，也很难得到企业以外的公众认可，为改变这一弊端，我们应当建立统一的行业技能标准及培训标准，以此来规范学徒制的培训和保证人才培养的质量。

英国利用的是产业部门技能委员会体系来开发学徒制技能标准，并负责职业资格证书管理和培训政策的制定，帮助企业与潜在的学徒相互沟通合作。在英国，产业部门技能和标准联合会在超过 50 万家企业与国家学徒制服务机构之间提供平台支持。国家学徒制服务机构是一个政府团体，为学徒制建立资金并对其监督管理，其支持 18 个部门技能委员会和 5 个部门技能团体，这些机构为不同的职业制定技能标准，他们承担着职业资格认定的责任，共同制定学徒制框架。加拿大学徒制体系基于地域而建立，并拥有一个叫“红章”的团体，负责对学徒制计划进行指导和评价。这些国家的人才培养在国家机构的统一技能标准下，培养过程变得规范及科学，人才培养的质量也得到了充分保障。我国也应当通过政府和行业的力量，开发统一的国家职业资格体系和技能标准，这样才可以保证人才培养的规范性和质量。

（2）探索学分互换与转换认定制度。Jeffrey A.Cantor 在《创新领导联盟摘要》中写道：“要做某一特定职业，证书是对一个人具备充足知识和相关技能的认可”。当今的工人，为了在职场中求得生存及更好的发展，拥有一个便携的、能够证明技能水平的证书非常重要，根据《菲此拉德法案》，学徒制完成学徒学业，取得企业所在行业的职业资格证书，而该证书在美国任何地方都予以承认。目前我国迫切需要做的就是能够建立具有国家层面的，全国通用的，密切贴合行业、具体职业和岗位的具有权威性的职业资格证书体系。其次，在国家职业资格标准的基础上，将现代学徒制与学历资格融合，建立起学徒体系。

另外，可借鉴美国等国家的做法，探索适于我国的学分互换与转换认定制度。在美国，注册学徒制中因为学徒所选择的行业证书与获得的大学学分是一样的，所以，学徒制培训越来越得到大家的认可，学徒应该获得大学学业中的相应学分，技能资格证书是对大学课程的补充，也是与行业对接的有效途径。美国有专门的组织为岗位工作经历和终身学习经历提供评估和评价指导，帮助获得大学同等学分。一些组织还提供对接服务，将学徒经过培训获得的职业资格证书和产业证书核算为大学学分，继而获得相关学位。在我国的现代学徒制运行过程中，可尝试试行弹性学制和学分制，将学生在企业的培训考核成绩转化为学分，推进校企学习的衔接及互认。

(3) 建立人才培养质量的监控与评价体系。在国家统一职业资格标准框架下，校企共同制定了培养及考核标准之后，还应当建立健全人才培养过程的监控与质量评价考核机制，以保障教学实施严格按照国家职业资格及人才培养方案执行，以保证现代学徒制的人才培养质量。通过借鉴校企全学程和双向介入的人才培养质量监控和评价体系，通过建立学生学业成绩考核、教学质量监控与评价等制度文件，共同参与和全程监控人才培养过程的质量监控和评价考核。除了校企双方协定建立的质量监控与评价指标体系，还可加入第三方的质量监控与审核，这样的监测更为客观，更能够保证学徒的培养质量，全国的认可程度也会增高。

(四) 建立科学的导师聘任与考评机制

现代学徒制在我国还处于探索阶段，“双导师”教学团队的建设是一个关键点。政府、学校及行业企业要各司其职，促进“双导师”教学团队的建设与完善。政府要突破原有的制度障碍，建立开放的现代学徒制师资体系和严格的职教师资准入制度，完善职业教育师资的保障机制，为“双导师”教学团队的建设提供政策环境和保障制度；行业企业要强化社会责任意识，主动分担技术技能型人才的任务，参与校企双导师遴选标准的研讨制定以及在双导师培育培训过程中发挥作用，完善“双导师”教学团队的建设机制；师范类学校要改革教育方案，努力培育合格的“双师型”师资人才，职业学校要规范“双导师”教学团队在职培训，制定相关的建设规划与管理办法，强化“双导师”教学团队的培育机制。“双导师”教学团队的建设要在政校行企共同努力下完善，满足现代学徒制人才培养的需要。

导师作为现代学徒制人才培养模式中的教学主体，关系到学徒制实施的成败。因此，必须选拔两支高素质的导师队伍即高素质的企业师傅队伍和双师型的学校专业教师队伍。具体而言，在企业师傅的选拔过程中，可以通过行业主管部门引导、企业推荐、学校招聘等多种途径，根据校企共同制定的企业师傅遴选标准(诸如具有一定年限的行业经验、具备某级别的职业资格或职称、有较强和语言表达能力和良好的人际沟通能力、有较强的责任心、热衷于传承技能、培养学徒工作等)，将一些乐于奉献、敬业爱岗的技术能手、业务精英等纳入到企业师傅资源。另一支队伍是学校“双师型”专业教师队伍，在选拔过程中，学校导师应当具备以下基本条件：拥有精湛、丰富的专业理论知识和一定年限的企业实践经验和实践能力，具有强烈的责任心、良好的团队合作协调能力、课程研发能力、良好的语言表达和文字表述功底等。

除了严苛的双导师选拔条件之外，为保证现代学徒制教学工作的顺利开展，还要注重于对双导师教学团队的培育和培训，可通过进修、邀请专家讲座、互相探讨交流等方式开展，学校导师培养的重点是增加实践经验和提升实践技能，企业师傅培训的重点应当放在对现代学徒制内涵的理解及教育教学能力的提升上。学校导师需要在教学方法上学习项目化教学、任务驱动式教学及案例教学的理念及课程开发方法，以适应职业教育规律，更好地开展现代学徒制的教学工作，同时，在实践过程中还要参与到与专业相对应的产业中，通过不断深入企业中调研和在企业中顶岗，来不断丰富自己的实践经验，增强自己的专业技能，达到持续培养的目的，成为真正意义上的双师型教师，才能够在不断变革的技术技能发展中更好地适应和满足现代学徒制的教学要求。企业导师的选拔和培育首先要制定一套企业导师的认证标准，只有通过认证的企业导师才具备企业导师资格，才可以开展教学工作，企业导师需要具备精湛丰富的一线工作经验和良好的语言表达能力，企业导师的后续培训可通过不断参加行业企业内部的技能培训，更新提升自己的岗位技能即专业能力；通过各种途径提高自己的教学能力。与企业合作的学校可以定期和企业导师交流现代学徒制人才培养方案，对企业导师进行课堂教学基本能力及教学理念的持续培训。同时，应当加强不同教学团队及同一教学团队内校企双导师的交流和沟通，增进师徒之间的交流，促进校企双导师的不断成长，及时纠正和调整现代学徒制教学实施过程中的不足，推进现代学徒制教学工作的开展。

鉴于我国职业教育政策法规不完善，我们可以通过制定导师的考核管理办法，建立健全校企间的激励机制，用物质或精神奖励去激励导师努力工作。政府和学校可以设置专门的基金鼓励学校导师进修科研，为企业分担人才培养成本，为企业导师培训和开展项目研发提供资金支持；还可通过创立导师业绩考核机制，给予优秀导师物质与精神奖励，激发校企双导师工作的热情及职业成就感的培养。

（五）深化教学与学生管理改革

（1）明确学徒身份。政府及相关部门通力合作，早日制定并完善职业教育类相关政策和法律法规，是从根本上明确学生学徒身份的最有效办法，企业和学生签订的学徒培训合同中应当明确学徒的身份、权利、义务及给予学徒日后是否留在企业的选择权，并赋予合同法律效益。而学徒的权利及义务应当在职业教育顶层设计的大框架下，由校企双方根据实际情况进行细微调整，保障学生的权利和义务。中职生尚不满 18 周岁，企业无法与学徒签订正式用工合同，但为了保障学徒的基本权益，各实践单位可通过签订学校、企业、学徒及家长四方培养协议，在学徒期间给予学徒基本的权益保障，并将培养协议与用工协议相贯通，为学徒满学徒期后转入正式用工期提供优越条件。

（2）组建管理团队。全面深化校企双主体育人理念，建设由学校辅导员(班主任)、学校专业老师、企业导师、学生干部等人员组成的学生管理队伍，分工明确、各司其职地管理学生的学习及日常生活。学生在企业培训期间，学校教师也应当深入到企业学徒的管理之中，加强与企业及学生之间的沟通，对学生的学习及日常生活进行管理与指导。企业要派专人向学徒介绍企业文化、日常规章制度，做好学徒的考勤、学习及日常生活的管理工作，学生干部要配合学校教师及企业师傅的工作，做好校企双方和师生双方的纽带及桥梁，协助校企双方开展学生的管理工作。同时，校企双方借助新兴的网络媒体、手机、监控等多种新技术实时沟通及远程监督，辅助学生管理工作的推进。

（3）健全管理制度。在现代学徒制的人才培养模式下，由于在校企交替培养培训学徒，使学生的管理工作难度增加，针对以往实践过程中出现的管理纰漏，应当着重建立健全安全管理和职业道德制度、学生日常请假及学习管理、日常行为及礼仪规范、学生报酬标准及发放等学生管理工作制度。通过完善学生管理制度体系，加强教学运行与过程的管理，从而提高人才培养的质量。

(六) 深化课程改革

现代学徒制有别于以往的职业学校教育及校企合作，需要校企双方全程参与到人才培养的过程中，学徒在企业培训及学习的时间和内容比以往都大大增多。因此，需要重新设计开发适用于现代学徒制人才培养模式的课程体系。现代学徒制的课程设置目标应当兼具教育性和职业性，在课程开发理念上，可根据工作本位学习理论设计开发课程，工作本位学习理论是欧洲现代学徒制国家学员和雇主双赢选择的典范，可使所有参与学徒制的相关利益方(学员、承担培训的企业、职业教育与培训学校或机构，甚至更广泛的社会领域)受益，以帮助学员获得所需要的知识、技能和能力，这是学徒职业生涯中最重要的。

具体来讲，在课程体系建设上，课程体系重构、课程内容重组需把握好学校系统和企业系统的衔接，避免两个极端，以学生的终身发展为理念，以职业和岗位核心技能为核心，在满足企业人才需求的目的上，对专业及岗位能力分析，开发设计符合学校专业人才培养标准和岗位员工培训的“学校+企业”双线交织课程体系。同时，制定相应的课程标准、教学实施方案、课程评价考核方案等课程实施文件。在课程体系构建完成之后，要开发相对应的教学资源和建设实践教学基地。学徒制的特点就是高强度、高频率的一体化或真实工作情境。因此，需要开发真实情境的教学资源和教学培训基地。

可根据岗位工作任务及流程和专业人才培养标准，设计课程内容，在此基础上，开发双线课程所需的课程标准、教材、电子课件、仿真实训项目、自主学习资源等教学资源。在实践教学条件上，根据新的课程实施方案，依托原有的学校实训基地、企业岗位等先有基础，利用政府扶持、职教集团联合及校企优势资源整合，系统设计建设实践教学基地。

在以往学校职业教育单一主体的培养下，专业课程的开发与实施已暴露出诸多问题，如专业技能过时、学生无法胜任岗位任务等。在现代学徒制的教学资源及课程开发上，应当调动行业企业积极性，使其充分参与进来。行业协会可作为职业院校与企业的中介组织，辅助协调校企双方的关系。同时，通过学校行业企业的通力合作，共同推进实训基地设施的建设，共建共享校企数字化资源与校企平台，促进校企文化的相互融通。

三、借鉴与启示

西方发达国家政府在现代学徒制发展过程中履行职责的实践经验，值得我国政府学习。当然，由于中西方国家政治制度的不同，完全照搬，必然“水土不服”。因此，我国政府应当结合国情，合理借鉴，从以下几个方面来改革和完善政府职责，从而推动我国现代学徒制的健康发展。

（一）建立以《职业教育法》为核心的内在有机、与时俱进的现代学徒制法律体系

借鉴西方国家的立法经验，我国政府应当建立以《职业教育法》为核心的内在有机、与时俱进的现代学徒制法律体系。首先，政府要借此次《职业教育法》的修订契机，明确现代学徒制的法律地位和各级政府、行业企业、学校、科研机构、社会各方参与的责任和义务，以及责任主体违约所应受到的惩罚；明确行业协会、企业参与学徒培训组织与管理的职责和权力；明确政府职业教育经费年度预算占教育总经费年度预算的最低比例等。增改和完善后的职业教育法应该内容更全面，且明确性和针对性更强，便于操作。其次，政府要尽快出台针对学徒培训经费拨款的专项立法，在法律中明确各级政府、企业、社会团体等所应当承担的经费责任，以及投入缺位所应受到的惩罚，并对责任主体的经费投入额度、比例等有明确的指标约束。再次，政府要通过部门立法和地方立法，制定适应地方经济发展需要的学徒培训法律规范，明确政府对行业、企业参与学徒培训和管理的扶持力度以及企业税收优惠等，部门和地方法律法规要与《职业教育法》彼此衔接，互为补充，进而体现法律体系的层级性。

(二) 建立政府统筹、地方为主、社会参与的现代学徒制管理体制

首先，我国政府应当组建“国家职业教育总局”，作为包括现代学徒制在内的职业教育管理最高机构。其职能是建立和疏通各行业主管部门在职业教育与培训发展问题上的合作关系，统筹教育部、劳动部、专业部委、行业协会及企业的相关资源，以实现综合配置、协调发展，以及制定现代学徒制的战略发展规划和学徒培训标准等。其次，政府角色应当由国家控制向国家监管转变。在我国当前“政府主导型”的教育管理体制下，政府应当下放权力，形成权力的多中心化，让市场机制在学徒培训领域发挥充分的作用。因此，对于现代学徒制的管理，中央政府的主要职责是依法管理和统筹规划；地方政府的主要职责是充分发挥自主权，对职业学校与行业企业的合作进行监督管理与协调完善，从而发挥在管理体系当中的主体职能。最后，政府必须建立行业协会、企业参与学徒培训组织与管理的有效机制。除了通过立法和财政渠道激发行业企业参与之外，地方政府也要放权，以展示信任与合作姿态，激发行业企业积极参与到管理中来，为现代学徒制的发展提供有力的支持和保障。

(三) 加大职业教育与培训经费投入力度，并建立多元化的经费筹措机制

首先，中央政府应当结合国家经济发展的宏观形式和现实需求，在确保职业教育和培训经费投入总量持续增长的同时，逐步提高其占教育总经费的比例，争取达到25%的国际标准。其次，中央和地方政府要分别设立相应机构，定期向社会公布经费预算的使用情况，并将地方政府对职业培训的投入水平作为考核的硬性指标，确保把各项相关法律法规落到实处。最后，借鉴西方经验并结合我国国情，我国政府应逐步建立起以政府财政拨款为主，企业、社会团体和受教育者参与的多元化经费筹措机制。政府应当通过舆论宣传、政策引导等措施充分调动企业投资的积极性，特别要明确企业投资学徒培训的收益回报，如根据企业投入经费的数额，按照比例给予税收优惠，政府按照一定标准提供直接的经费补贴等，还可以借鉴德国政府为学徒购买保险解决企业后顾之忧等方式。总之，政府应当充分发挥主导职能，加强经费保障，为现代学徒制的长效发展筑起一道坚实的屏障。

结 语

在国际上，现代学徒制被公认为职业教育发展的趋势，不论是西方国家还是中国，都通过一系列的政策试图大力引导职业教育发展现代学徒制，当然，也的确从理论和实践方面都取得了一定的成绩，也获得了一定的经验。

现代学徒制是产教融合的有效实现形式，同时，也充分考虑到了职业教育自身的特点，如职业教育的目的、学生的需求、企业的诉求，以至于其在适应市场经济发展方面有着不可替代的优势。在东、西方历史上，学徒制一度辉煌，但随着学校教育的发展，便都逐渐没落。随着市场经济的发展，现代学徒制又逐渐在西方兴起。德国、澳大利亚、英国、美国、瑞士等西方国家的现代学徒制发展迅速，至今已形成较为固定的模式。目前，我国关于西方现代学徒制的研究也以这些国家为主要研究对象。本书尝试从现代学徒制发展较为典型的几个国家出发，对其内涵、特点以及模式进行了总结，并结合目前我国职业教育的发展情况，提出了对我国发展现代学徒制的启示，希望阅读本书的人也能够从中获益。

参考文献

中文文献

[1] 覃丽君 . 德国教师教育研究 [D]. 重庆：西南大学，2014.

[2] 郑秀英 . 职业教育教师专业化问题研究 [D]. 天津：天津大学，2010.

[3] 贺文瑾 . 职教教师教育的反思与建构 [D]. 上海：华东师范大学，2007.

[4] 梁杰 . 中等职教师资培养模式研究 [D]. 秦皇岛：河北科技师范学院，2015.

[5] 李大寨 . 我国职业教育教师培养培训模式研究 [D]. 杨凌：西北农林科技大学，2012.

[6] 冯泽衍 . 我国职教师资培训体制研究 [D]. 石家庄：河北师范大学，2009.

[7] 李小丹 . 德国职业学校教师资格制度研究 [D]. 天津：天津大学，2009.

[8] 刘晓萍 . 德国职教师资之重——培养制度研究 [D]. 天津：天津大学，2008.

[9] 关晶 . 西方学徒制的历史演变及思考 [J]. 华东师范大学学报（教育科学版），2010:1.

[10] 冯永琴 . 技术实践知识的性质与学徒学业评价 [J]. 中国职业技术教育，2009：33.

[11] 徐平利 . 中世纪行会制度与职业教育的孕育 [J]. 教育评论，2009：5.

[12] 关晶 . 英国学徒制改革的新进展 [J]. 职教论坛，2009：25.

[13] 杜惠洁，李家丽 . 模块化：德国职业教育的改革与争论 [J]. 教育发展研究，2009：11.

[14] 许亚琼 . 对中世纪学徒制的新思考——基于其制度化目的、原因和社会意义 [J]. 职教论坛，2009：4.

[15] 张璇 . 英国学徒制改革重大举措——英国《学徒制条例草案》解读 [J]. 世界教育信息，2009:2.

[16] 王玉苗，庞世俊 . 职业教育课程内容的透视：知识观的视角 [J]. 河北师范大学学报（教育科学版），2008：11.

[17] 杨延 . 天津市职业教育工学结合模式探索 [J]. 教育研究，2008:11.

[18] 陈明昆，沈亚强 . 学徒制在英国沉浮的背景分析 [J]. 中国职业技术教育，2008：32.

[19] 孙玫璐 . 职业教育制度分析 [D]. 上海：华东师范大学，2008.

[20] 董仁忠 .“大职教观”视野中的职业教育制度变革研究 [D]. 上海：华东师范大学，2008.

[21] 吴景松 . 政府职能转变视野中的公共教育治理范式研究 [D]. 上海：华东师范大学，2008.

[22] 李娜 . 英国布莱尔执政时期的重要教育政策研究 [D]. 上海：华东师范大学，2008.

[23] 郭峰 . 职业教育存在形态初探 [D]. 长沙：湖南农业大学，2007.

[24] 张启富 . 高职院校试行现代学徒制：困境与实践策略 [J]. 教育发展研究，2015:3.

[25] 向丽，章颂军 . 我国职业教育推进现代学徒制的现实困境及路径探索 [J]. 职教通讯，2014：34.

[26] 关晶，石伟平 . 现代学徒制之“现代性”辨析 [J]. 教育研究，2014：10.

[27] 关晶，石伟平 . 西方现代学徒制的特征及启示 [J]. 职业技术教育，2011：31.

[28] 关晶 . 西方学徒制研究 [D]. 上海：华东师范大学，2010.

[29] 王玉苗 . 理查德学徒制评论与英国未来的学徒制改革 [J]. 职业技术教育，2014：13.

[30] 关晶 . 英国《学徒制、技能、儿童和学习法案》述评 [J]. 全球教育展望，2012：10.

[31] 沈陆娟 . 英国学徒制的新进展和策略分析 [J]. 中国职业技术教育，2011：11.

[32] 杨敏 . 简论英国现代学徒制及对我国职业教育的启示 [J]. 中国职业技术教育，2010:18.

[33] 许竞 . 英国业本学习路线下的现代学徒制 [J]. 职业技术教育，2003:28.

[34] 王爱珍 . 英国国家职业资格证书制度（NVQ）[J]. 职业技术教育，2000:21.

[35] 李丽，杨佳瑜，谢萍 . 英国政府未来教育重心在哪里 [N]. 中国教育报，2016:5.

[36] 贺国庆 . 外国职业教育史 [M]. 北京：人民教育出版社，2014.

[37] 翟海魂 . 英国中等职业教育发展研究 [M]. 北京：高等教育出版社，2005.

[38] 陈鹏 . 美国学徒制的移植、断裂与重塑 [J]. 职教论坛，2011:25.

[39] 赵伟 . 学习宣传贯彻落实十八大精神系列专题之八加快推进制度建设实现职业教育转型升级——中国职教学会“加快推进现代职业教育制度建设座谈会”观点综述 [J]. 中国职业技术教育，2013:19.

[40] 易烨，石伟平 . 澳大利亚新学徒制的改革 [J]. 职教论坛，2013:16.

[41] 杨黎明 . 关于现代学徒制（三）——澳大利亚的现代学徒制 [J]. 职教论坛，2013：12.

[42] 杨骁瑾，赵文静 . 澳大利亚学徒激励计划改革研究 [J]. 科教导刊（上旬刊），2012：11.

[43] 黄忠强 . 发达国家学徒制比较研究 [J]. 职教论坛，2011：24.

[44] 蓝祥龙 . 澳大利亚 TAFE 教育模式探析 [J]. 湖南科技学院学报，2011：17.

[45] 郝志强，米靖 . 澳大利亚促进职业教育校企合作的管理机制探析 [J]. 职教通讯，2011：9..

[46] 卢艳，黄日强 . 澳大利亚 TAFE 学院办学特色及其对我国高职教育的启示 [J]. 黄河水利职业技术学院学报，2010：2.

[47] 张凤 . 澳大利亚学徒制发展新举措——行业文凭的引入 [J]. 世界教育信息，2008：11.

[48] 张兵，白雪 . 新型现代学徒制度：澳大利亚 TAFE 模式的启示 [J]. 职教论坛，2008:14.

[49] 臧志军 . 职业教育国家制度的比较研究 [D]. 上海：华东师范大学，2013.

[50] 匡瑛 . 高等职业教育发展与变革之比较研究 [D]. 华东师范大学，2005.

[51] 吴艳红 . 英澳现代学徒制比较研究 [D]. 上海：东华理工大学，2013.

[52] 刘涛 . “学徒制” 的现代价值及其实现之研究 [D]. 苏州：苏州大学，2011.

[53] 郑敬 . 澳大利亚职业教育与培训框架体系研究 [D]. 上海：华东师范大学，2010.

[54] 祝伟 . 澳大利亚新学徒制研究 [D]. 武汉：华中师范大学，2008.

[55] 熊苹 . 走进现代学徒制 [D]. 上海：华东师范大学，2004.

[56] 杨国祥，丁钢 . 高等职业教育发展的战略与实践 [M]. 北京：机械工业出版社，2006.

[57] 邓泽民，王宽 . 现代四大职教模式 [M]. 北京：中国铁道出版社，2006.

[58] 霍恩比 . 牛津高阶英汉双解词典 [M]. 北京：商务印书馆，2004.

[59] 苑茜，等 . 现代劳动关系辞典 [M]. 北京：中国劳动社会保障出版社，2000.

[60] 裴娣娜 . 教育研究方法导论 [M]. 合肥：安徽教育出版社，2000.

[61] 庞家成，杨悦梅，劳佳锋 . 高职教师到企业锻炼对“现代学徒制”的促进探析 [J]. 职业技术，2014：1.

[62] 孙燕卿 . 职业教育典范：瑞士模式 [J]. 中小企业管理与科技（下旬刊），2013：6.

[63] 王奕俊，王建初 . 德国、瑞士学徒制培训改革的差异比较分析——以商务职业领域为例 [J]. 职业技术教育，2011：13.

[64] 刘艳春，王洪斌 . 瑞士和德国的学徒制对我国工学结合人才培养模式的借鉴价值 [J]. 科技信息 .2011：9.

[65] 郑坚 . 简析瑞士职教师资标准及培训 [J]. 中国职业技术教育，2011：7.

[66] 乌苏拉・山霍斯特・达乐 . 以能力和竞争力为核心的瑞士职业教育与培训 [J]. 职业技术教育，2010：22.

[67] 刘予 . 瑞士的学徒制对我国职业教育发展的启示 [J]. 科技信息，2009：26.

[68] 胡秀锦 .“现代学徒制”人才培养模式研究 [J]. 河北师范大学学报（教育科学版），2009：3.

[69] 罗伟 . 试论 19 世纪工业革命在欧洲中小国家的扩散 [J]. 考试周刊，2008：42.

[70] 陈利 . 瑞士学徒制职业教育模式研究 [D]. 重庆：西南大学，2007.

[71] 范威廉 . 瑞士顶尖学校 [M]. 北京：中国经济出版社，2010.

[72] 联合国教育研究与创新中心 . 大趋势形塑教育 [M]. 上海：华东师范大学出版社，2009.

[73] 任丁秋，杨解朴，等 . 瑞士 [M]. 北京：社会科学文献出版社，2006.

[74] 端木美 . 瑞士文化与现代化 [M]. 沈阳：辽海出版社，1999.

[75] 李念培 . 瑞士 [M]. 北京：世界知识出版社，1990.

[76] 人民教育出版社《外国教育丛书》编辑组 . 二十国教育概况 [M]. 北京：人民教育出版社，1981.

[77] 刘建春 . 芬兰职业教育体系的特点及对我国职业教育的启示 [J]. 继续医学教育，2016：12.

[78] 刘丽平，张思思 . 芬兰学徒制培训的保障机制探析 [J]. 高等职业教育(天津职业大学学报)，2017:1.
[79] 孔明 . 苏州工业园区职业技术学院与德国博世公司建立学徒制培训合作 [J]. 教育与职业，2012:1.
[80] 徐荣青，赵启 . 漫谈德国的教育与学徒制培训 [J]. 现代技能开发，1999:4.
[81] 张勇，江萍 . 职业教育中的学徒制：英国与德国之比较 [J]. 江苏高教，2015：1.
[82] 郭健 . 国际职业教育的新观念与新举措 [J]. 中国职业技术教育，2002:20.
[83] 张宇，李杰，袁纯芳 . 瑞士：85% 的学生选择职教 [J]. 上海教育，2013:29.
[84] 陈昌辉，林忠华 . 英国现代学徒制培训与研究 [J]. 中国培训，2015:7.
[85] 郭健 . 英美澳德四国职业教育评析 [J]. 南京工业职业技术学院学报，2002：2.
[86] 张鸣 . 国际化素质培养——德国双元制职业教育发展的新要求 [J]. 职业技术教育，2003：19.
[87] 黄旭 . 校企合作培养高等职业人才 [J]. 中国职业技术教育，2003:17.
[88] 劳动保障部培就司赴澳考察团 . 澳大利亚的新学徒制 [J]. 中国培训，2003：5.
[89] 楼一峰 . 澳大利亚职业教育渐成体系 [J]. 教育与职业，2003:9.
[90] 翟海魂 . 战后英国职教落后状况探析 [J]. 教育与职业，2003：5.
[91] 王继平 . 澳大利亚职业技术教育的创新 [J]. 中国职业技术教育，2003:6.
[92] 傅宏生 . 英国教育体系以及职业教育的特点 [J]. 中国轻工教育，2003：1.
[93] 郭红云 . 英国职业技术教育的发展历程及启示 [J]. 中国职业技术教育，2003：2.

[94] 君德·瓦格纳.全球化对职业教育的挑战与对策[J].中国职业技术教育，2002(24).

[95] 王国富，王秀珍.澳大利亚教育词典[M].武汉：武汉大学出版社，2002.

[96] 石伟平著.比较职业技术教育[M].上海：华东师范大学出版社，2001.

[97] 吴文侃，杨汉清.比较教育学[M].北京：人民教育出版社，1999.

[98] 王斌华.澳大利亚教育[M].上海：华东师范大学出版社，1996.

[99] 王承绪，徐辉.战后英国教育研究[M].南昌：江西教育出版社，1992.

[101] 细谷俊夫.技术教育概论[M].肇永和，王立精译.北京：清华大学出版社，1984.

[101] 吕可红.当代世界职业教育发展趋势刍议[J].职业技术教育，2003:13.

[102] 邓泽民，陈庆合，郭化林，刘文卿，侯金柱.高等职业技术教育教学模式的比较与创新研究[J].职教论坛，2002：20.

[103] 余燕.职业教育课程改革目标：现代化中国化最优化——职业教育课程改革国际研讨会综述[J].职业技术教育，2000:3.

[104] 王军伟.课程模式探讨与改革[J].中国职业技术教育，1999：9.

[105] 杜成宪，丁钢.20世纪中国教育的现代化研究[M].上海：上海教育出版社，2004.

[106] 王义高.当代世界教育思潮与各国教改趋势[M].北京：北京师范大学出版社，1998.

[107] 卢双盈，李向东.职业教育学[M].北京：兵器工业出版社，1998.

[108] 刘振洪.论职业教育面向世界[J].北京成人教育，2001：11.

[109] 于洪文.构建开放性的职业教育办学体系[J].教育与职业，2001：6.

英文文献

[1] Karl-Heinz Gerholz, Taiga Brahm.Apprenticeship and Vocational Education: An Institutional Analysis of Workplace Learning in the German Vocational System. Discourses on professional Learning: On the Boundary Between Learning and Working, Professional and Practice-based Learning .2004.

[2] Billet S.Learning in Workplace: Strategies for Effective practice.2001.

[3] Thomas Deissinger. The Evolution of the Modern Vocational Training Systems in England and Germany: a comparative view[J]. Compare: A Journal of Comparative and International Education .1994(1).

[4] Advisory Committee on Apprenticeship. https: //www.doleta.gov/oa/aca.cfm .2016.

[5] Washington State Apprenticeship and Training Council(WSATC) Annual&Quarterly Reports. http: //www.lni.wa.gov/Trades Licensing/Apprenticeship/WSATC/Annual Reports/.2016.

[6] Standards of apprenticeship (construction electrician) . http: //www.lni.wa.gov/Trades Licensing/Apprenticeship/files/standards/0592.pdf .2016.

[7] Cook(Chef-Hotel&Restaurant) . http: //www.mass.gov/lwd/labor-standards/das/apprenticeship-program/apprenticeable-occupations/air-conditioning-mechanic-to-firefighter-emt/cook-chef-hotel-and-restaurant.html .2016.

[8] A Quick-Start Toolkit: Building Registered Apprenticeship Programs. http: //www.doleta.gov/oa/employers/apprenticeship_toolkit.pdf .2016.

[9] Section 11E: Apprenticeship council; members; terms; expenses; meetings. https: //malegislature.gov/Laws/General Laws/Part I/Title II/Chapter23/ Section11E .2016.

[10] CMR 26.00: APPRENTICE STANDARDS. http: //www.mass.gov/lwd/labor-standards/das/454-cmr-26-00-Apprentice-standards.pdf.2016.

[11] Riccucci N M.Apprenticeship training in the public sector: its use and operation for meeting skilled craft needs. Publica Personnel Management .1991.

[12] The Industrial Revolution in the United States. http: //www.loc.gov/teachers/classroommaterials/primarysourcesets/industrial–revolution/pdf/teacher_guide.pdf .2016.

[13] Gordon H R D.The History and Growth of Career and Technical Education in America..2008.